100 EXERCÍCIOS E JOGOS selecionados de iniciação ao FUTSAL

José Ignacio Pérez Sánchez

Jaime Cruz Solano

Telmo Alexandre Peres Dos Santos

David Blanco Luengo

Título: 100 EXERCÍCIOS E JOGOS SELECIONADOS DE A INICIAÇÃO AO FUTSAL
Autores: José Ignacio Pérez Sánchez; Jaime Cruz Solano; Telmo Alexandre Peres Dos Santos, , David Blanco Luengo, José Fco. Wanceulen Moreno, Antonio Wanceulen Moreno
Tradução: Telmo Alexandre Peres Dos Santos

Editorial: WANCEULEN EDITORIAL
Sello Editorial: WANCEULEN EDITORIAL DEPORTIVA

ISBN (Papel): 978-84-18486-19-7
ISBN (Ebook): 978-84-18486-21-0

DEPÓSITO LEGAL: SE 1442-2020

Impresso em Espanha. 2020.

WANCEULEN S.L.
C/ Cristo del Desamparo y Abandono, 56 - 41006 Sevilla
Dirección web: www.wanceuleneditorial.com y www.wanceulen.com
Email: info@wanceuleneditorial.com

ÍNDICE

INTRODUÇÃO

Este título faz parte de uma coleção de jogos e exercícios para técnicos e monitores de diferentes modalidades desportivas, em que cada um deles, oferece 100 jogos e exercícios para o seu ensino e para o seu treino. Esta coleção preenche uma lacuna na bibliografia sobre o processo de ensino-aprendizagem desportiva.

As atividades propostas podem ser aplicadas diretamente. Para adaptá-las a diferentes níveis de ensino e/ou treino, em função dos grupos com os quais estejamos trabalhando, só precisamos aplicar as modificações que se considerarem adequadas: moderar a velocidade de execução, acentuar ou atenuar a dificuldade das ações, limitar ou aumentar o número de regras, aumentar ou diminuir o espaço e as distâncias...

As atividades apresentadas são concebidas sob uma visão integral do treino, desenvolvendo todos os conteúdos técnico-táticos com as diretrizes atuais que regem os processos de ensino-aprendizagem das atividades desportivas, e que procuram a melhoria simultânea dos aspectos técnicos, táticos, físicos e psicológicos.

Metodologicamente, estas atividades, oferecem uma prática próxima à situação real de competição, em que se estabeleçam os processos de relação interna, próprios do desporto, com o objetivo fundamental, de que o jogador fomente e potencie o pensamento e a capacidade tática, com base numa contínua toma de decisões.

Todas as atividades estão apresentadas numa representação gráfica marcada pela clareza, de tal forma que sua estrutura inicial e sua dinâmica sejam visíveis facilmente. A cada uma destas representações gráficas, acompanha uma ficha explicativa, onde se descrevem os objetivos principais e secundários, os meios técnico-táticos utilizados e as características organizativas: número de jogadores, tamanho do campo, material utilizado e tempo de atividade.

O material é prático de utilizar, para desenvolver as sessões de treino e preparação para todas as idades e níveis.

O técnico desportivo nas etapas de formação, e o professor de educação física, sempre exigiram obras úteis com jogos e atividades práticas para animar a sessão, e que incluam os aspectos específicos necessários para uma correta formação motora e um adequado desempenho na prática desportiva.

Para os novos técnicos representa uma simplificação na hora de elaborar as sessões diárias. E para técnicos experientes, uma base para elaborar o seu trabalho diário para melhoria, quer das habilidades gerais como as específicas, com a contribuição da própria experiência.

Portanto, nesta obra, incluímos atividades muito selecionadas do amplo repertório existente, com o objetivo de oferecer uma proposta real e fácil de colocar em prática, evitando criar um manual repleto de variantes ou atividades de duvidosa eficácia.

INTRODUÇÃO AO FUTSAL

O futsal é um desporto de colaboração-oposição (desporto socio-motor), que se caracteriza pelo seu elevado compromisso motor, na contínua adaptação do jogador a um ambiente dinâmico e de constante mudança, com escassez de tempo e espaço para perceber, tomar decisões e executar as ações que forneçam soluções para o jogo.

FATORES DE JOGO

- Espaço do jogo: quadra de 40x20, onde o sentido do jogo é determinado por cada uma das duas balizas.

- Participação no jogo: trata-se de um jogo de 5x5 com opções de trocas constantes com outros jogadores que entram para o campo a partir do banco, o que dinamiza a participação e a intensidade, e na qual a participação e a incidência no jogo dos 5 jogadores que participam por equipa, é constante e significativa.

- Elemento principal: é a bola e, portanto, o jogo é condicionado pela disponibilidade ou não da sua posse.

- Tempo de jogo: Condicionado a que a bola esteja em jogo. Geralmente são dois tempos 20 minutos, embora varie em determinadas competições.

- Regulamento: regula o jogo.

Objetivos do jogo:

- Ataque: conservação da bola - progressão no jogo - finalização / marcar golo.

- Defesa: recuperação da bola - evitar a progressão no jogo - evitar o golo.

- Capacidades condicionais e comunicação motora: base física da ação.

- Técnica: execução das diferentes ações do jogo.

- Tática: conjunto de ações que, mediante a utilização dos recursos disponíveis e a analise das situações, tentam atingir o objetivo específico do jogo.

   Aspectos e fatores mais relevantes do jogo:

- Desporto de colaboração-oposição, dinâmico e intenso.

- Défice de espaço e tempo.

- Alto componente perceptivo-decisional e, portanto, tático-cognitivo.

- Apoio em aspectos físicos e técnicos para a execução das ações do jogo.

- O objetivo essencial do jogo, evidentemente, é marcar golo.

- Os gestos técnicos mais determinantes são a receção, o passe e o remate.

- É um jogo que requere altos níveis de precisão e velocidade, tanto na tomada de decisões, com o padrão físico-motor e técnico adequado.

   Fisicamente, destaca-se por esforços intermitentes de elevada intensidade de curta ou média duração, que requerem períodos de descanso suficientes e um trabalho de base que gere níveis ótimos de força e da resistência à velocidade para manter um ritmo eficaz.

Tem um caráter eminentemente tático, dada a sua constante inter-relação. Esse tipo de relação colaboração-oposição ocorre com ou sem a bola, ou seja, em qualquer das fases do jogo de ataque/defesa e de forma simultânea. A pesar disso, às vezes é necessário atacar contra uma defesa organizada e posicionada, recorrendo-se à construção do ataque, que pode ser elaborado ou mais direto.

As ações em lances de bola parada, cantos, lançamentos ou faltas, são especialmente relevantes no futsal, uma vez que, devido à proximidade das balizas, são ações com grandes possibilidades de finalização com golo.

As principais posições são: guarda-redes, fixo, ala e pivot. Como em quase todas as modalidades desportivas, existem jogadores polivalentes chamados jogadores universais e alguns jogadores especialistas com alto domínio de algumas habilidades específicas.

ETAPAS DE FORMAÇÃO

As etapas evolutivas do jovem jogador de futsal no seu processo de formação, também são muito similares às demais modalidades desportivas coletivas e podem ser as seguintes:

- **Iniciação**: abrange desde os 6 aos 10 anos, período no qual o jogador se familiariza com o jogo de forma organizada.

- **Desenvolvimento:** abrange desde os 11 aos 14 anos, período no qual o jogador começa a entender o jogo de forma organizada e estruturada.

- **Formação especializada:** abrange entre os 15 e os 16 anos, período no qual o jogador começa a aplicar a técnica aprendida nas etapas anteriores e progride nos aspectos táticos.

- **Aperfeiçoamento:** abrange desde os 17 até aos 18 anos, período no qual se aperfeiçoa e consolida o que foi aprendido em etapas anteriores, com organização tática mais complexa.

- **Alto Rendimento:** abrange a partir dos 19 anos, entrando totalmente na fase de rendimento onde o jogador tem desenvolvido plenamente as exigências da alta competição.

** Os textos desta secção, foram extraídos, adaptados, simplificados e modificados, de conteúdos incluídos no Manual da UEFA para treinadores de futsal, na sua edição de abril de 2017, elaborado por José Venancio López Hierro.*

SIMBOLOGIA

BOLA
JOGADOR
MOVIMENTO DO JUGADOR
MOVIMENTO DE BOLA
CONDUÇÃO DE BOLA

100 EXERCÍCIOS E JOGOS SELECIONADOS PARA INICIAÇÃO AO FUTSAL

Exercício Nº 1	Objetivo Principal	Melhorar o controlo da bola
	Objetivos Secundários	Melhorar o passe

Aspetos Técnico-Táticos	Passe-receção, apoio e deslocamento		
Jogadores	4 (3 atacantes x 1 defensor)	Campo	8m x 8m x 8m (triângulo)
Material	Cones e bola	Tempo	8´

Explicação

Jogo 3:1 com os 3 atacantes situados nas esquinas do triângulo formado e o defensor tenta recuperar a bola.

Observações	Joga-se obrigatoriamente a 2 toques (receção-passe).

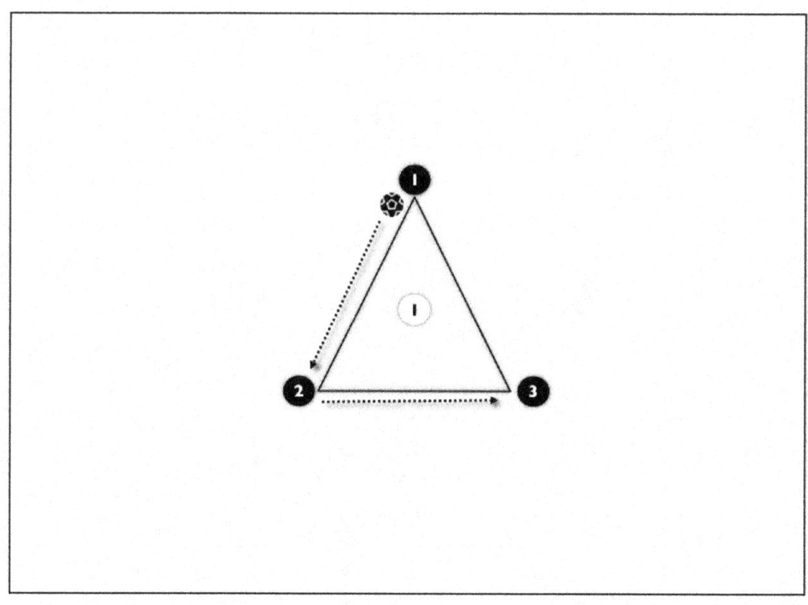

Exercício Nº 2	Objetivo Principal	Melhorar o controlo da bola	
	Objetivos Secundários	Melhorar o passe	
Aspetos Técnico-Táticos	Desmarcação, passe-receção, apoio, deslocamento		
Jogadores	6 (4 atacantes x 2 defensores)	Campo	10m x 10m
Material	Cones e bola	Tempo	8`
Explicação			

Jogo 4:2 com 4 atacantes colocados nas quatro laterais do quadrado podendo-se deslocar lateralmente para cada lado para oferecer apoios e os dois defensores tentam recuperar a bola.

Observações	Joga-se obrigatoriamente a 2 toques (controlo-passe).

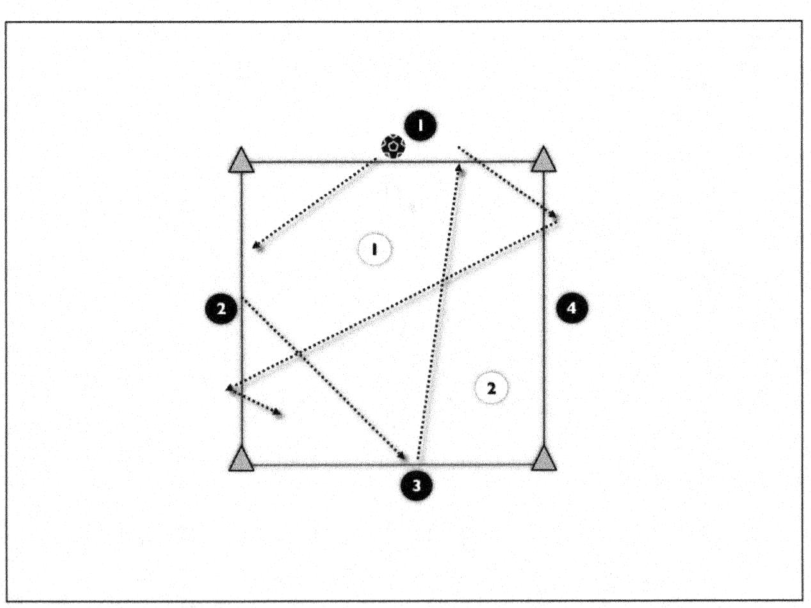

Exercício Nº 3	Objetivo Principal	Melhorar o controlo da bola
	Objetivos Secundários	Melhorar o passe
Aspetos Técnico-Táticos	Desmarcação, passe-receção, apoio, deslocamento	
Jogadores	6 (2 equipas de 2 jogadores +2 jokers)	Campo	10m x 10m
Material	Cones e bola	Tempo	3 x 3´

Explicação

Jogo 2:2+2 jokers que jogam com a equipa que tem a posse de bola e apoiam desde o interior do campo. Os defensores tentam "roubar" a bola à outra equipa.

Observações	A cada 3´ trocar os jokers. Joga-se obrigatoriamente a 2 toques (receção-passe).

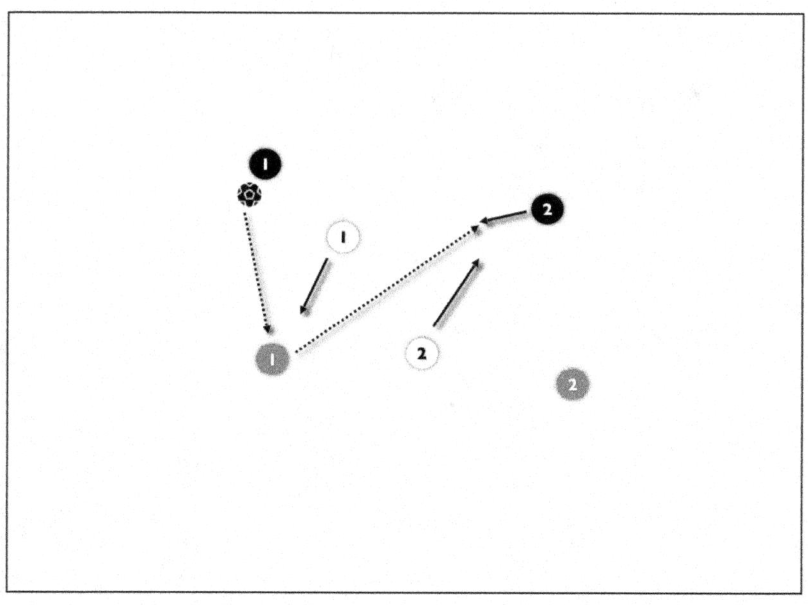

Exercício Nº 4	Objetivo Principal	Melhorar o controlo da bola	
	Objetivos Secundários	Melhorar o passe e a desmarcação	
Aspetos Técnico-Táticos	Desmarcação, passe-receção, apoio, deslocamento		
Jogadores	10 (2 equipas de 5 jogadores)	Campo	20m x 20m
Material	Cones e bola	Tempo	8′
Explicação			

Jogo 5:5, a equipa com posse de bola consegue um ponto por cada receção realizada por um jogador, seguindo assim com a posse de bola.

Observações	Joga-se obrigatoriamente a 2 toques (controlo-passe).

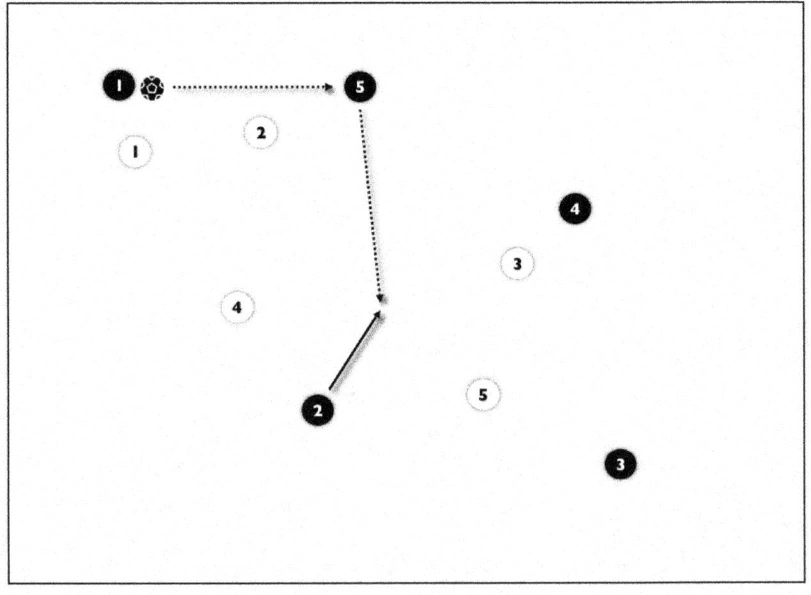

Exercício N° 5	Objetivo Principal	Melhorar o controle da bola
	Objetivos Secundários	Melhorar o passe e a desmarcação
Aspetos Técnico-Táticos	Desmarcação, passe-receção, apoio, deslocamento	
Jogadores	10 (2 equipas de 5 jogadores)	Campo	20m x 20m (zona 10m x 10m)
Material	Cones e bola	Tempo	8'

Explicação

Jogo 5:5, delimita-se uma zona central. A equipa em posse de bola ganha um ponto cada vez que um jogador controle a bola dentro da zona central, seguindo assim com a posse de bola.

Observações	Joga-se obrigatoriamente a 2 toques (controle-passe).

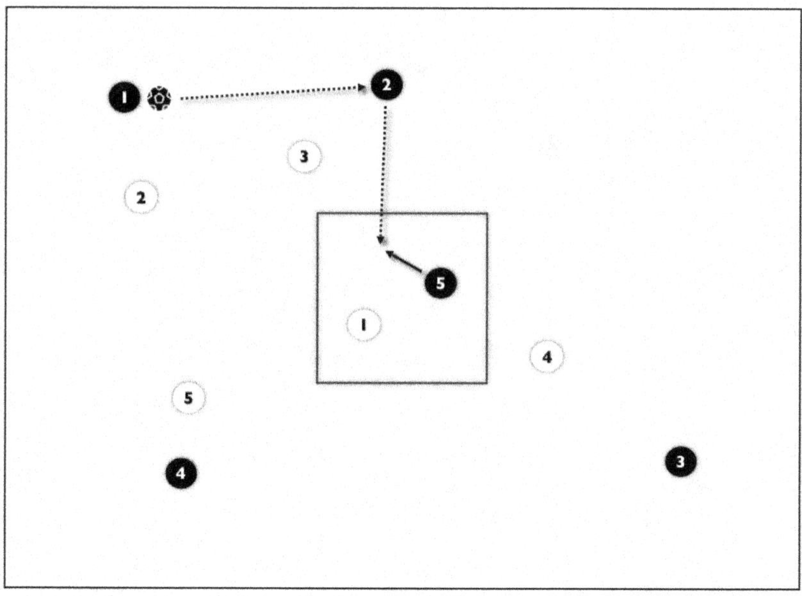

Exercício N° 6	Objetivo Principal	Melhorar o controle da bola
	Objetivos Secundários	Melhorar o passe e a desmarcação
Aspetos Técnico-Táticos	Desmarcação, passe-receção, apoio, deslocamento	
Jogadores	10 (2 equipas de 5 jogadores)	Campo	20m x 20m
Material	Cones e bola	Tempo	8'
Explicação		

Jogo 5:5, a equipa com posse da bola é obrigada a jogar com a seguinte sequência de passes: 3 curtos + 1 longo, se conseguirem, obtêm 1 ponto e mantêm a posse da bola.

Observações	Joga-se obrigatoriamente a 2 toques (controle-passe).

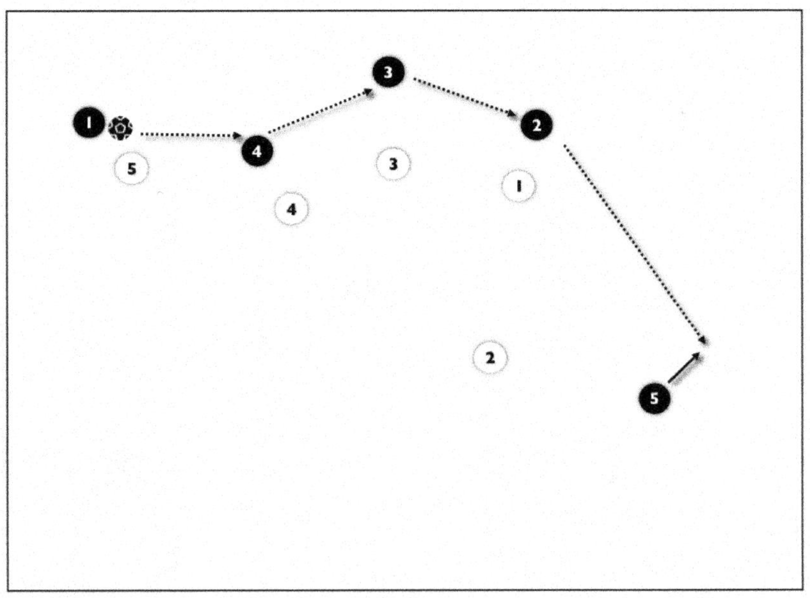

Exercício N° 7	Objetivo Principal	Melhorar o controle da bola
	Objetivos Secundários	Melhorar o passe e a desmarcação
Aspetos Técnico-Táticos	desmarcação, passe-receção, apoio, deslocamento	
Jogadores	10 (2 equipas de 5 jogadores)	Campo	30m x 20m (3 balizas pequenas de 2m)
Material	Cones e bola	Tempo	8′

Explicação

Jogo 5:5, colocam-se em campo 3 balizas (ver gráfico). A equipa que possui a bola ganha 1 ponto cada vez que os jogadores conseguem controlar um passe através de qualquer das balizas após o qual continuam a ter a posse da bola.

Observações	Joga-se obrigatoriamente a 2 toques (controle-passe).

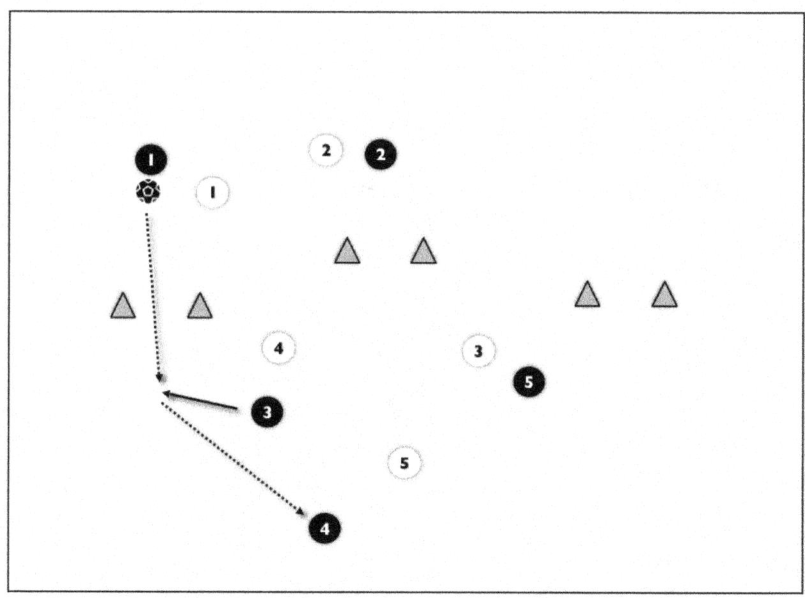

Exercício N° 8	Objetivo Principal	Melhorar o controle da bola
	Objetivos Secundários	Melhorar o passe e desmarcação

Aspetos Técnico-Táticos	Desmarcação, passe-receção, apoio, deslocamento		
Jogadores	5 (2 equipas de 2 jogadores + 1 joker defensivo)	Campo	12m x 12m
Material	Cones e bola	Tempo	6 x 2´

Explicação

Jogo 2:2+1 joker que acompanha a equipa defensora (ver gráfico). A equipa atacante deve tentar manter a bola em sua posse.

Observações	Cada 2´ trocar o joker. Joga-se obrigatoriamente a 2-3 toques.

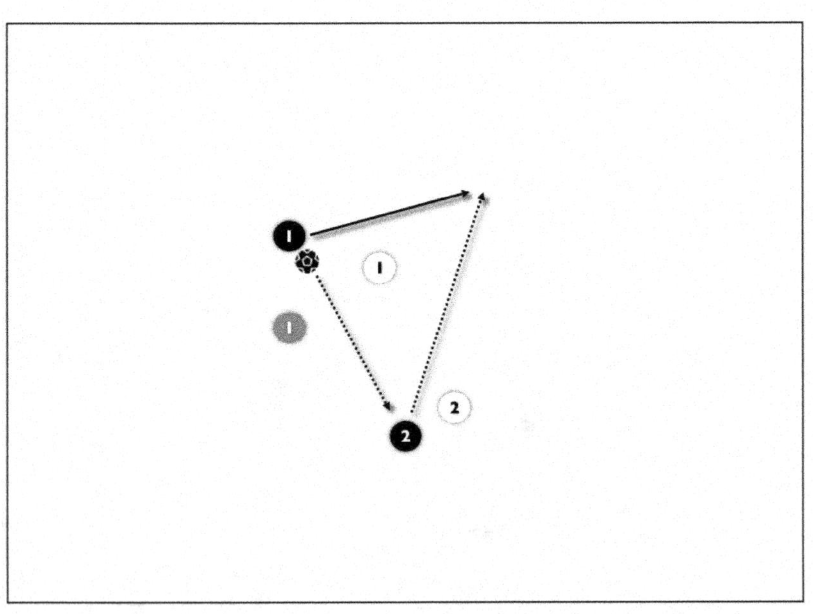

Exercício N° 9	Objetivo Principal	Melhorar a condução da bola
	Objetivos Secundários	Melhorar o controle da bola e o passe
Aspetos Técnico-Táticos	Passe-receção, apoio, condução, domínio da bola	
Jogadores	6 (2 equipas de 2 jogadores + 2 jokers)	Campo	12m x 12m
Material	Cones e bola	Tempo	3 x 4´
Explicação		

Jogo 2:2+2 jokers que acompanham a equipa que têm a posse da bola e que apoiam desde dentro do campo de jogo. O jogador com posse da bola tem que dar 4 toques (condução) antes de passar a bola.

Observações	A cada 4´ trocar os jokers.

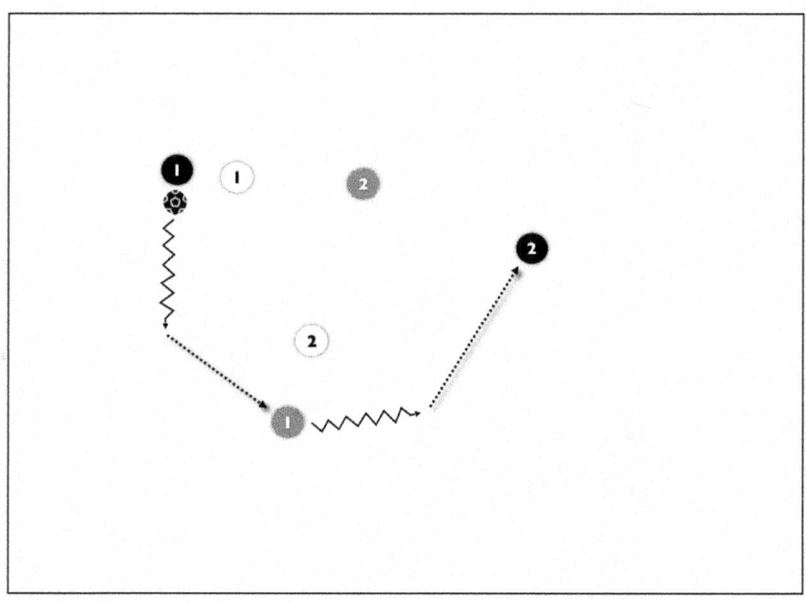

Exercício Nº 10	Objetivo Principal	Melhorar a condução da bola
	Objetivos Secundários	Melhorar o controle e o passe
Aspetos Técnico-Táticos	Passe-receção, apoio, condução, domínio da bola	
Jogadores	10 (2 equipas de 4 jogadores + 2 jokers)	Campo
Material	Cones e bola	Tempo

Campo	30m x 20m
Tempo	5 x 2′

Explicação	

Jogo 4:4+2 jokers que acompanham a equipa com a posse da bola e apoiam desde dentro do campo de jogo. O jogador em posse da bola tem que dar 4 toques (condução) antes de passar a bola.

Observações	A cada 2′ trocar os jokers.

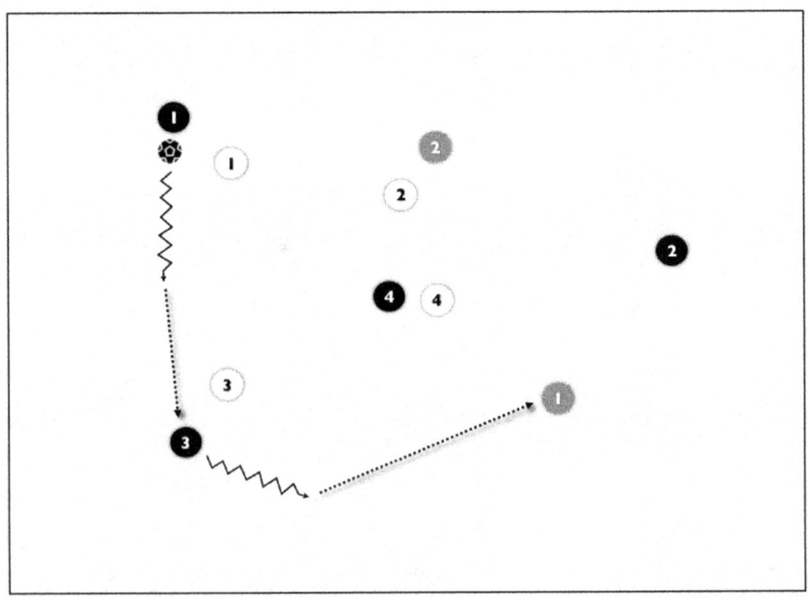

Exercício Nº 11	Objetivo Principal	Melhorar a condução da bola
	Objetivos Secundários	Melhorar o passe e a desmarcação
Aspetos Técnico-Táticos	Passe-receção, apoio, condução, dominio da bola	
Jogadores	10 (2 equipos de 4 jogadores + 2 jokers)	Campo: 30m x 20m + 4 quadrados de 2m x 2m
Material	Cones e bola	Tempo: 5 x 2'

Explicação

Jogo 4:4+2 jokers que acompanham a equipa com posse da bola e que ajudam desde o interior do campo de jogo. 4 quadrados são colocados no campo (ver gráfico). A equipa que tem a posse da bola ganha um ponto toda a vez que um jogador receber a bola dentro de um quadrado e saia conduzindo a mesma, continuando a ter a posse da bola.

Observações	A cada 2' trocar os jokers.

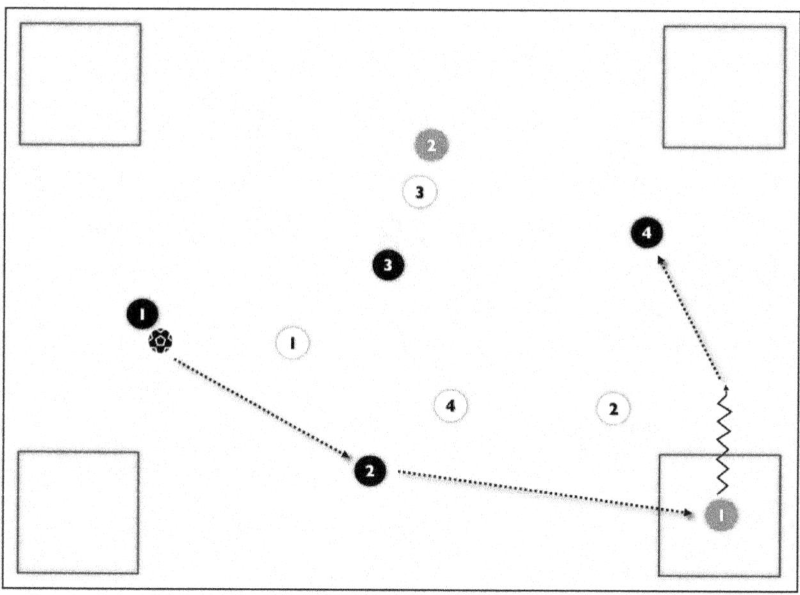

Exercício Nº 12	Objetivo Principal	Melhorar a condução da bola
	Objetivos Secundários	Melhorar o controle e o passe
Aspetos Técnico-Táticos	Passe-receção, apoio, condução, domínio da bola	
Jogadores	10 (2 equipas de 5 jogadores)	Campo	30m x 20m
Material	Cones e bola	Tempo	8′
Explicação		

Jogo 5:5, o jogador com a posse da bola tem que dar 4 toques no mínimo (condução) antes de poder passar a bola.

Observações	

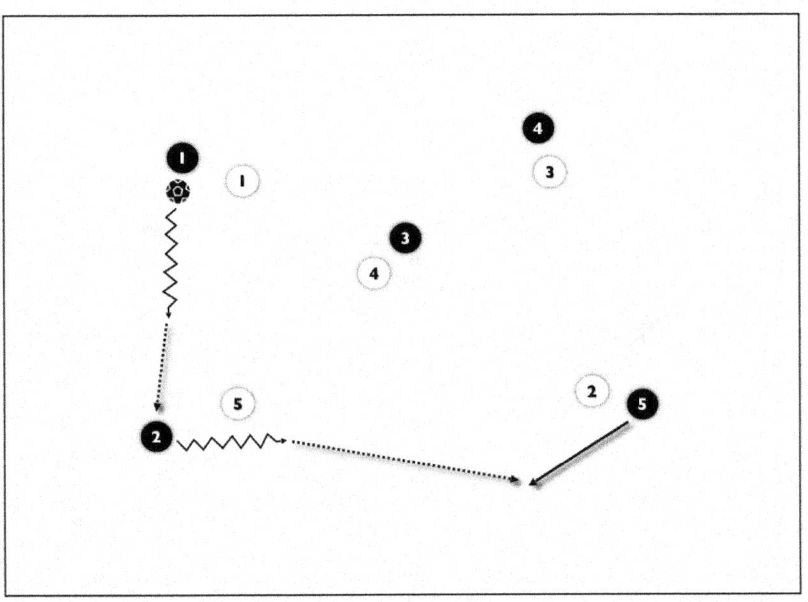

Exercício Nº 13	Objetivo Principal	Melhorar a condução da bola
	Objetivos Secundários	Melhorar o passe e a desmarcação
Aspetos Técnico-Táticos	Passe-receção, apoio, condução, domínio da bola	
Jogadores	10 (2 equipas de 5 jogadores)	Campo	30m x 20m (zona 10m x 10m)
Material	Cones e bola	Tempo	8´

Explicação

Jogo 5:5, marca-se uma zona no centro do campo (ver gráfico). A equipa com a posse da bola ganha um ponto cada vez que um jogador receba a bola dentro da zona marcada e consiga sair conduzindo-lha, continuando assim a ter a posse da bola.

Observações	Na zona marcada não se pode permanecer por mais de 10´´

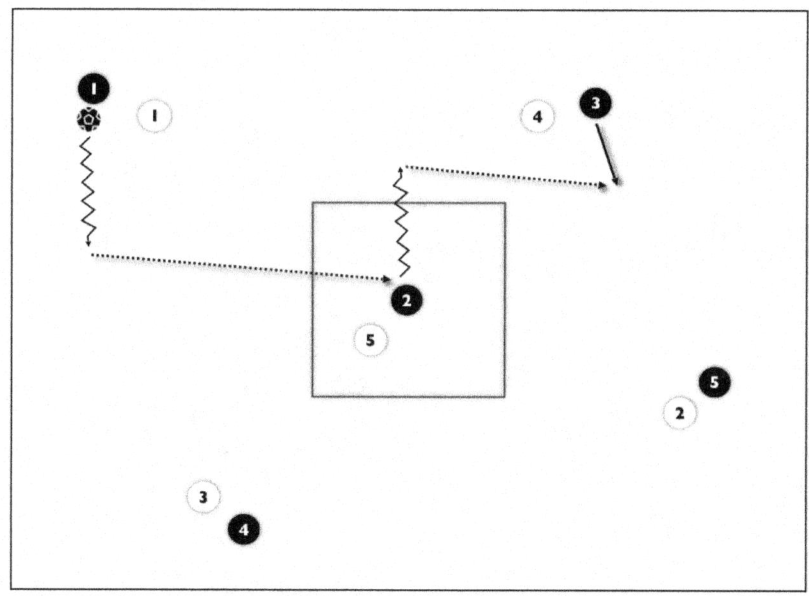

Exercício Nº 14	Objetivo Principal	Melhorar a condução da bola
	Objetivos Secundários	Melhorar o passe e a desmarcação

Aspetos Técnico-Táticos	Passe-receção, apoio, condução, domínio da bola		
Jogadores	10 (2 equipas de 5 jogadores)	Campo	30m x 20m (4 balizas pequenas de 2m)
Material	Cones e bola	Tempo	8´

Explicação

Jogo 5: 5, colocam-se 4 balizas de 2m. Cada equipa ataca e defende duas balizas (ver o gráfico). A equipa que possui a bola alcança um ponto cada vez que um jogador consegue atravessar, conduzindo a bola pelas balizas defendidas pelo adversário, após o qual continuam a ter a posse da bola.

Observações	As balizas podem ser atravessadas em ambas as direções.

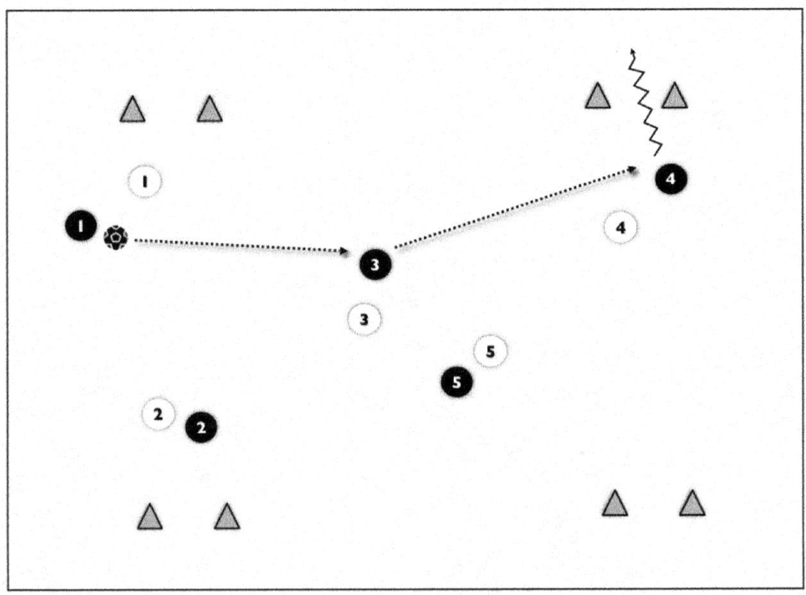

Exercício Nº 15	Objetivo Principal	Melhorar a condução da bola
	Objetivos Secundários	Melhorar o passe e a desmarcação
Aspetos Técnico-Táticos	Passe-receção, apoio, condução, dominio da bola	
Jogadores	10 (2 equipas de 5 jogadores)	Campo	30m x 20m (2 balizas amplas de 20m)
Material	Cones e bola	Tempo	8´
Explicação		

Jogo 5:5, colocam-se no campo duas balizas de 20m de largura, cada equipa ataca e defende uma baliza (ver gráfico). A equipa que tem a posse da bola alcança um ponto cada vez que um jogador consegue atravessar conduzindo a bola pela baliza defendida pelo adversário, após o qual continuam a possuir a bola.

Observaciones	

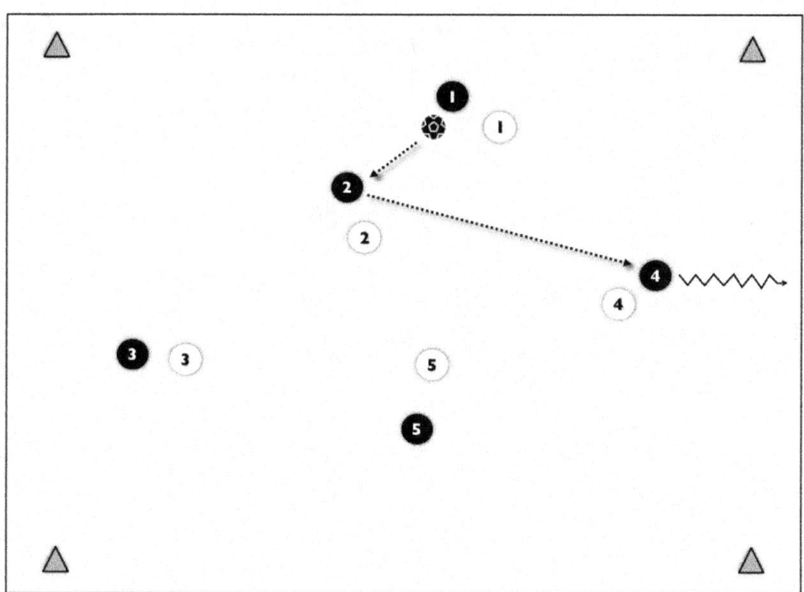

Exercício Nº 16	Objetivo Principal	Melhorar a condução da bola
	Objetivos Secundarios	Melhorar o passe e a desmarcação
Aspetos Técnico-Táticos	Passe-receção, apoio, condução, domínio da bola	

Jogadores	10 (2 equipas de 5 jogadores)	Campo	30m x 20m (3 balizas de 3m)
Material	Cones e bola	Tempo	8′

Explicação

Jogo 5:5, 3 balizas de 3m são colocados no campo de jogo, cada equipa ataca e defende as 3 balizas neutras (ver gráfico). A equipa com a posse de bola ganha um ponto cada vez que um jogador consegue atravessar, conduzindo a bola, por uma das balizas, após o qual se troca a equipa com a posse da bola.

Observações	As balizas podem ser atravessadas em ambas as direções.

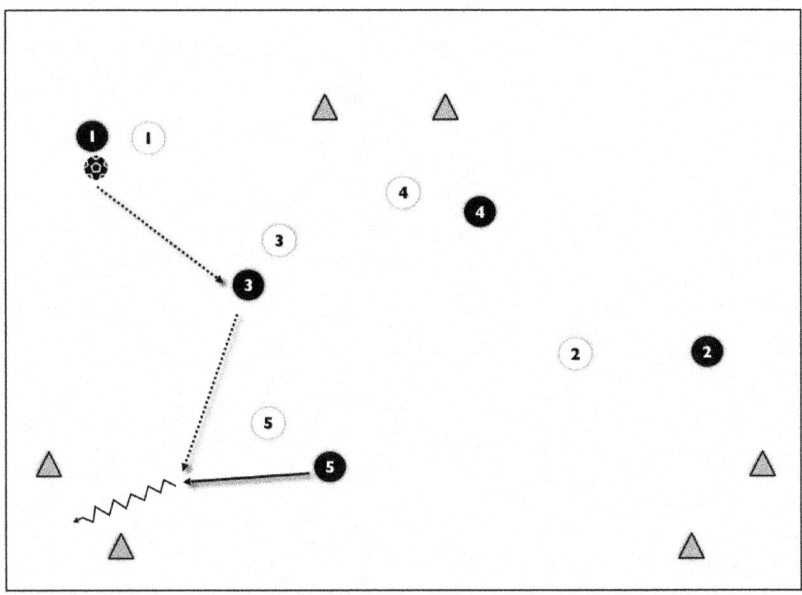

Exercício Nº 17	Objetivo Principal	Melhorar a condução da bola
	Objetivos Secundários	Melhorar o passe e a desmarcação
Aspetos Técnico-Táticos	Passe-receção, apoio, condução, domínio da bola	
Jogadores	6 (2 equipas de 2 jogadores + 2 jokers defensivos)	Campo	12m x 12m
Material	Cones e bola	Tempo	3 x 4´
Explicação		

Jogo 2:2+2 jokers defensivos que ajudam dentro do campo.

O jogador em posse da bola tem que dar 4 toques (condução) antes de poder passar a bola.

Observações	A cada 4´ trocar os jokers.

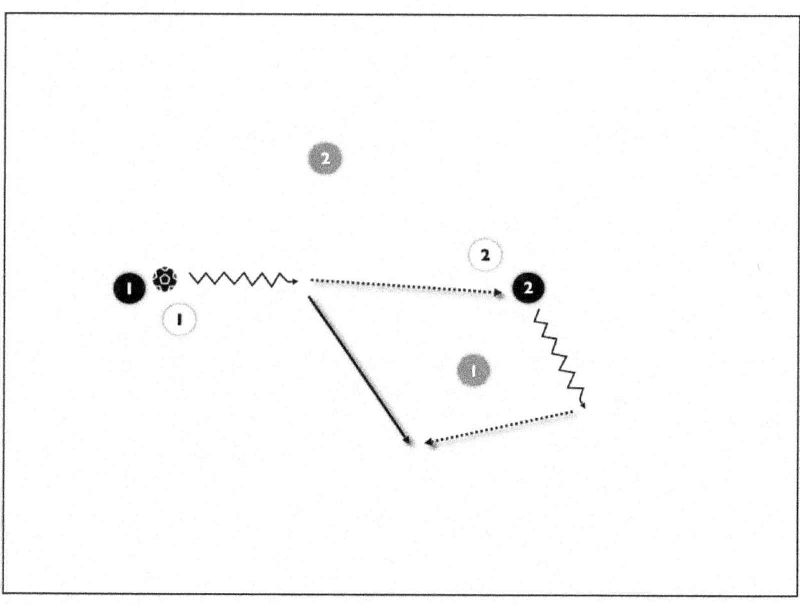

Exercício Nº 18	Objetivo Principal	Melhorar a condução da bola
	Objetivos Secundários	Melhorar a ocupação e criação de espaços
Aspetos Técnico-Táticos	Passe-receção, apoio, condução, domínio da bola	
Jogadores	10 (2 equipas de 4 jogadores + 2 jokers defensivos)	Campo	30m x 20m
Material	Cones e bola	Tempo	5 x 2′
Explicação			

Jogo 4:4+2 jokers defensivos que apoiam desde dentro do campo.

O jogador com a posse da bola tem que dar 4 toques (condução) antes de passar a bola.

Observações	A cada 2′ trocar de jokers.

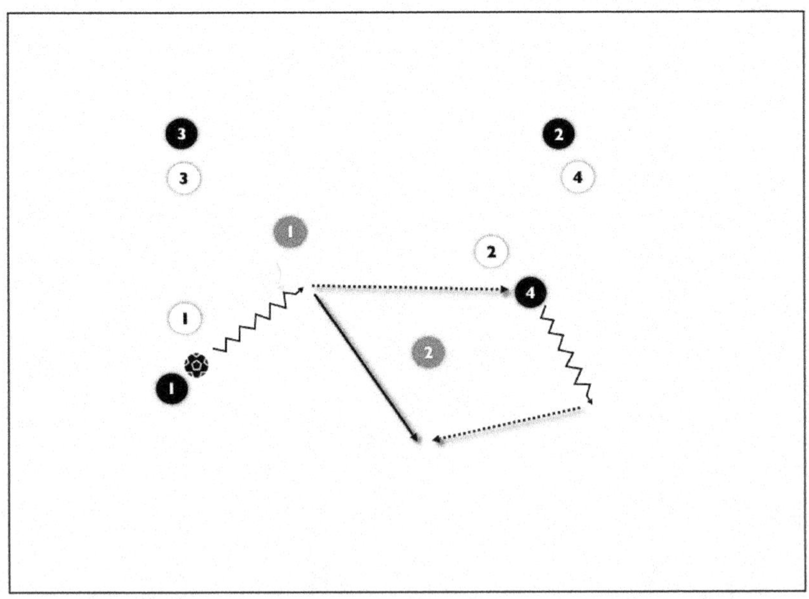

Exercício Nº 19	Objetivo Principal	Melhorar o drible e a finta
	Objetivos Secundários	Melhorar o ataque posicional
Aspetos Técnico-Táticos	Drible, finta, condução, domínio da bola	
Jogadores	9 (3 pares 1:1+3 jokers)	Campo	25m x 15m (2 zonas marcadas de 5m x 7m)
Material	Cones e bolas	Tempo	6 x 1´
Explicação		

Jogo 1:1+1 joker (3 grupos) que acompanha o jogador que tem a bola. Marcam-se 2 zonas no campo, cada jogador ataca e defende uma das zonas marcadas (ver gráfico). A equipa com posse da bola (2:1) para obter um ponto, tem que um dos jogadores driblar o adversário e atravessar a zona marcada por ele defendida, após o que continuará com a posse de bola.

Observações	A cada 1´ trocar o joker.

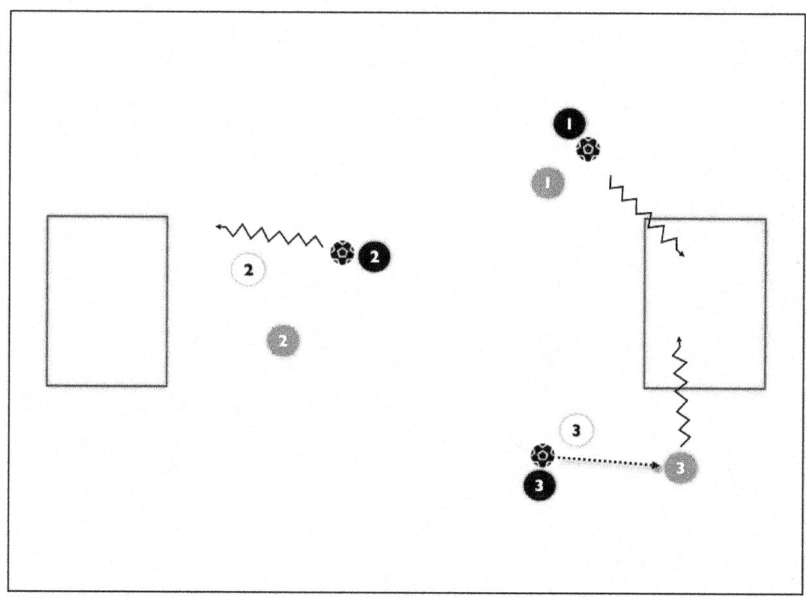

Exercício Nº 20	Objetivo Principal	Melhorar o drible e a finta
	Objetivos Secundários	Melhorar o ataque posicional
Aspetos Técnico-Táticos	Drible, finta, condução, domínio da bola	
Jogadores	9 (3 pares 1:1+3 jokers)	Campo	20m x 15m (2 balizas de 12m)
Material	Cones e bolas	Tempo	6 x 1´
Explicação		

Jogo 1:1+1 joker (3 grupos) que acompanha o jogador que tem a bola. 2 balizas de largura ampla são colocados em campo, cada jogador ataca e defende 1 baliza (ver gráfico).

A equipa com a posse de bola (2:1) ganha um ponto quando algum dos jogadores tem que driblar o seu adversário direto e atravessa, conduzindo a bola até à baliza defendida por este, após o qual continuarão a ter a posse da bola.

Observações	A cada 1´ trocar o joker.

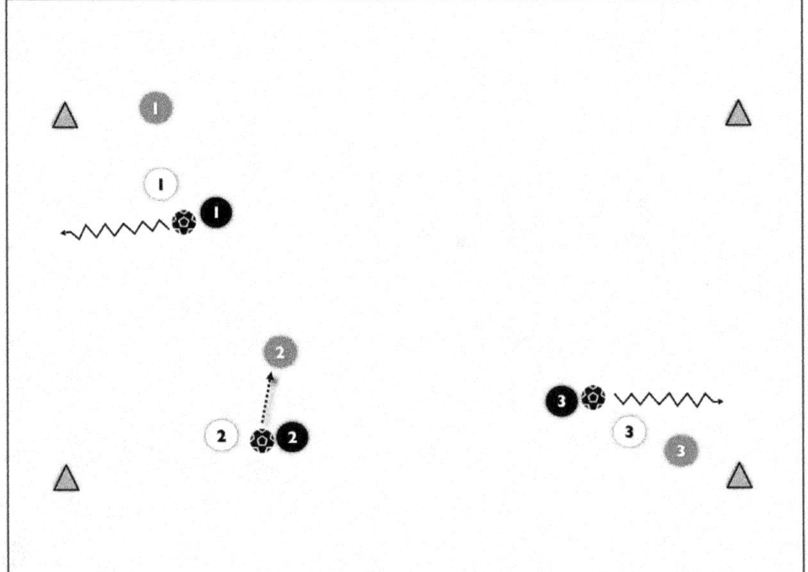

Exercício N° 21	Objetivo Principal	Melhorar o drible e a finta
	Objetivos Secundários	Melhorar o ataque posicional
Aspetos Técnico-Táticos	Drible, finta, condução, domínio da bola	
Jogadores	9 (3 pares 1:1+3 jokers)	Campo	25m x 20m (4 quadrados de 2m x 2m)
Material	Cones e bolas	Tempo	6 x 1´
Explicação		

Jogo 1:1+1 joker (3 grupos) que acompanha o jogador com a bola. Marca-se no campo de jogo 4 quadrados, cada jogador ataca e defende 2 deles (ver gráfico). A equipa com a posse de bola (2:1) ganha um ponto quando algum dos jogadores tem que driblar o seu oponente direto e atravessar conduzindo a bola os quadrados defendidos pelo adversário, após o qual continuarão com a posse da bola.

Observações	A cada 1´ trocar o joker.

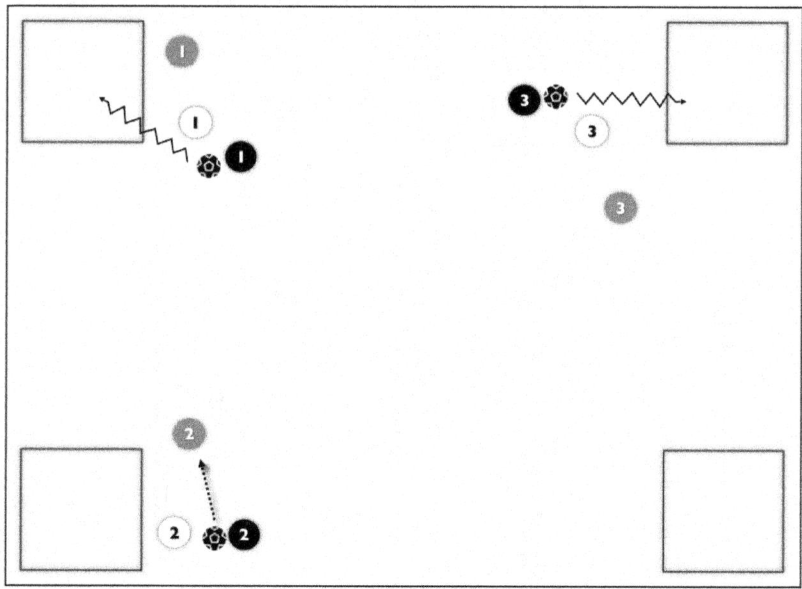

Exercício Nº 22	Objetivo Principal	Melhorar o drible e a finta
	Objetivos Secundários	Melhorar o deslocamento e a desmarcação
Aspetos Técnico-Táticos	Drible, finta, condução, domínio da bola	
Jogadores	12 (2 equipas de 4 jogadores + 4 jokers)	Campo	20m x 20m (divide-se o campo em 4 zonas 10m x 10m)
Material	Cones e bola	Tempo	3 x 2´

Explicação

Jogo 4:4+4 jokers que acompanham a equipa com posse da bola. O campo é dividido em 4 zonas delimitadas, cada equipa tem um jogador em cada zona (ver gráfico).

O jogador com posse da bola para conseguir um ponto deve driblar o seu oponente direto antes de poder passar a bola para outra área, após a qual se troca a posse da bola.

Observações	A cada 2´ trocar os jokers. Os jogadores não podem sair da sua zona.

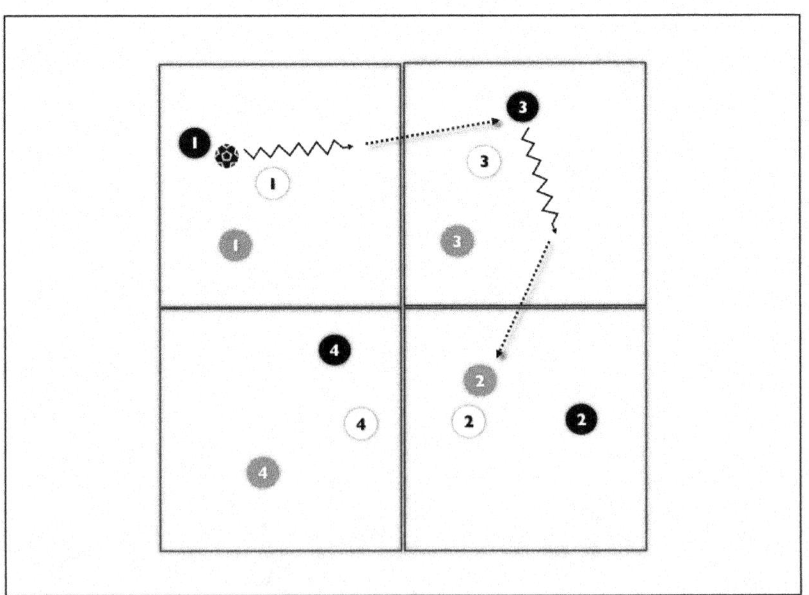

Exercício N° 23	Objetivo Principal	Melhorar o drible e a finta
	Objetivos Secundários	Melhorar o ataque posicional
Aspetos Técnico-Táticos	Drible, finta, condução, domínio da bola	
Jogadores	9 (3 pares 1:1+3 jokers)	Campo	25m x 20m (2 quadrados de 3m x 3m)
Material	Cones e bolas	Tempo	6 x 1´

Explicação

Jogo 1:1+1 joker que acompanha o jogador que possui a bola (3 grupos). Colocam-se 2 áreas marcadas de 3m x 3m no campo de jogo (ver gráfico). A equipa com a posse da bola para marcar um ponto deve o jogador driblar o seu oponente direto e atravessar controlando a bola pela zona estabelecida defendida pelo oponente, após o qual continuarão com a posse da bola.

Observações	A cada 1´ trocar os jokers.

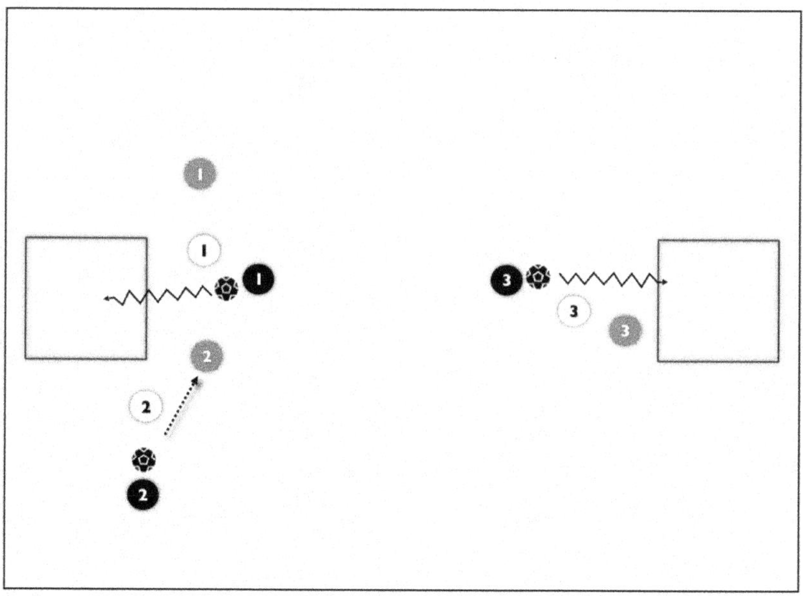

Exercício Nº 24	Objetivo Principal	Melhorar o drible e a finta
	Objetivos Secundários	Melhorar o movimento ofensivo
Aspetos Técnico-Táticos	Drible, finta, condução, domínio da bola	
Jogadores	10 (5 pares 1:1)	Campo	20m x 15m (6 balizas de 2m)
Material	Cones e balizas	Tempo	6 x 1´

Explicação

Jogo 1:1 (5 pares). Colocam-se no campo 6 pequenas balizas de 2 m. Cada jogador ataca e defende 3 balizas (ver gráfico). O jogador com posse de bola para conseguir um ponto tem dribelar o seu adversário direto e atravessar, conduzindo a bola, por qualquer uma das balizas defendidas pelo adversário, após o qual a posse de bola será alterada.

Observações	

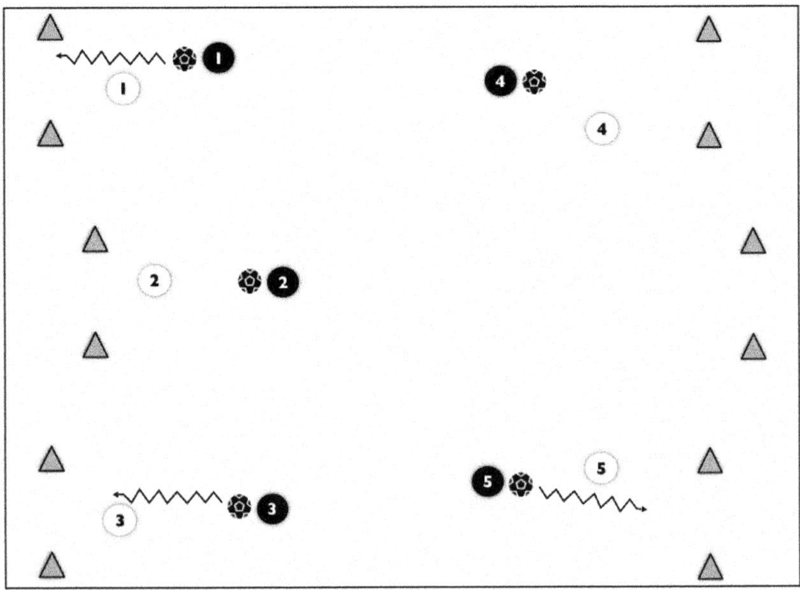

Exercício Nº 25	Objetivo Principal	Melhorar o drible e a finta
	Objetivos Secundários	Melhorar o movimento ofensivo
Aspetos Técnico-Táticos	Drible, finta, condução, domínio da bola	
Jogadores	12 (5 pares 1:1+2 GR)	Campo	20m x 15m (2 balizas amplas de 12m)
Material	Cones e bolas	Tempo	6 x 1´
Explicação		

Jogo 1:1 (5 pares). Colocam-se em campo 2 balizas amplas de 12m. Cada jogador ataca e defende 1 baliza (ver gráfico). O jogador que tem a posse da bola ganha um ponto se driblar o seu oponente direto e atravessa conduzindo a bola a baliza defendida pelo guarda-redes, após o qual a posse da bola será alterada.

Observações	Se o guarda-resdes (GR) agarra a bola, esta será entregue ao defensor.

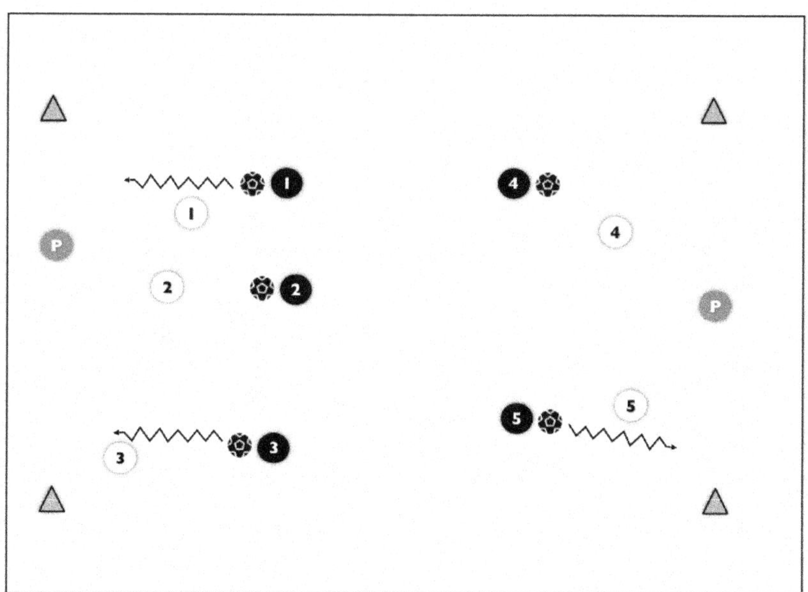

Exercício Nº 26	Objetivo Principal	Melhorar o drible e a finta
	Objetivos Secundários	Melhorar o movimento ofensivo
Aspetos Técnico-Táticos	Drible, finta, remate, condução, domínio da bola	
Jogadores	10 (5 pares 1:1)	Campo	20m x 15m (2 balizas de 3m)
Material	Cones e bolas	Tempo	6 x 1´

Explicação
Jogo 1:1 (5 pares). Colocam-se duas balizas no campo. Cada jogador ataca e defende 1 baliza (ver gráfico). O jogador que tem a posse da bola ganha um ponto quando dribla o seu oponente direto e remata para a baliza defendida pelo adversário, após o qual troca a posse de bola.
Observações

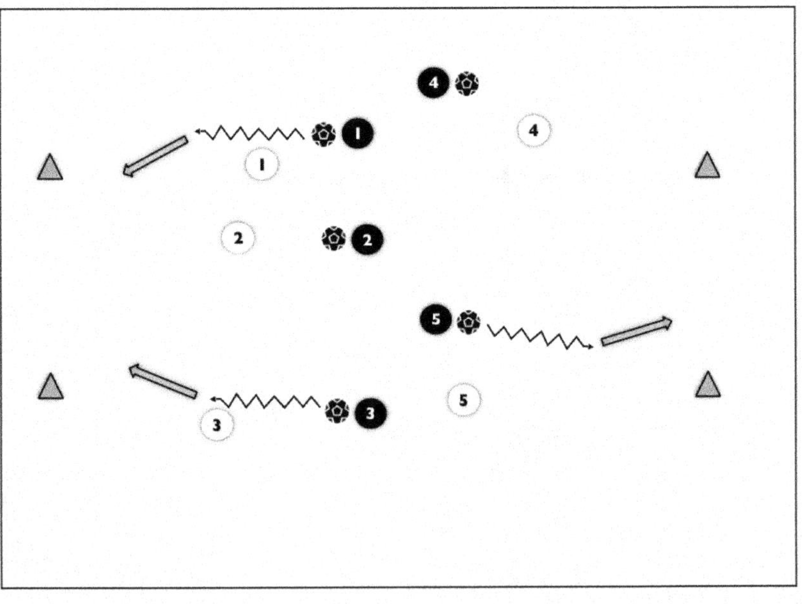

Exercício N° 27	Objetivo Principal	Melhorar o drible e a finta
	Objetivos Secundários	Melhorar o movimento ofensivo e a desmarcação
Aspetos Técnico-Táticos	Drible, finta, condução, domínio da bola	
Jogadores	8 (2 equipas de 4 jogadores)	Campo	20m x 20m (2 quadrados de 5m x 5m)
Material	Cones e bola	Tempo	2 x 4´
Explicação			

Jogo 4:4, dois quadrados são marcados no campo, e cada equipa coloca lá um jogador (ver gráfico).

O jogador com a posse da bola ganha um ponto cada vez que o jogador dentro do quadrado controla a bola e dribla seu oponente direto antes de poder passar a bola, após o qual continuarão com a posse da bola.

Observações

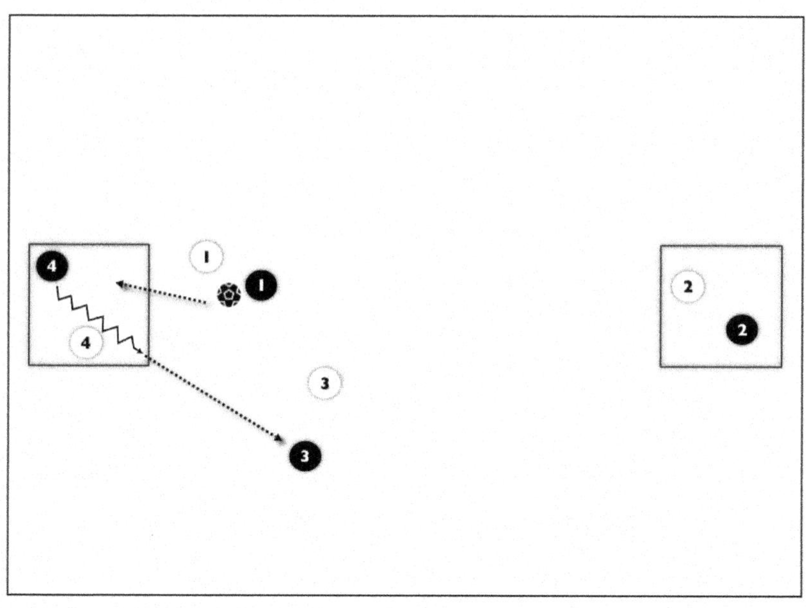

Exercício N° 28	Objetivo Principal	Melhorar o drible e a finta
	Objetivos Secundários	
Aspetos Técnico-Táticos	Drible, finta, condução, domínio da bola	
Jogadores	9 (3 pares 1:1+3 jokers defensivos)	Campo	20m x 15m (6 balizas de 2m)
Material	Cones e bolas	Tempo	6 x 1´
Explicação		

Jogo 1:1+1 joker que acompanha o jogador defensor (3 grupos). 6 balizas são colocados no campo, cada jogador ataca e defende 3 balizas (ver gráfico). O jogador que tem a posse da bola para ganhar 1 ponto deve driblar os seus oponentes diretos e atravessar conduzindo a bola numa das balizas defendidas pelos adversários, após o qual a posse da bola é alterada.

Observações	A cada 1´ trocar os jokers.

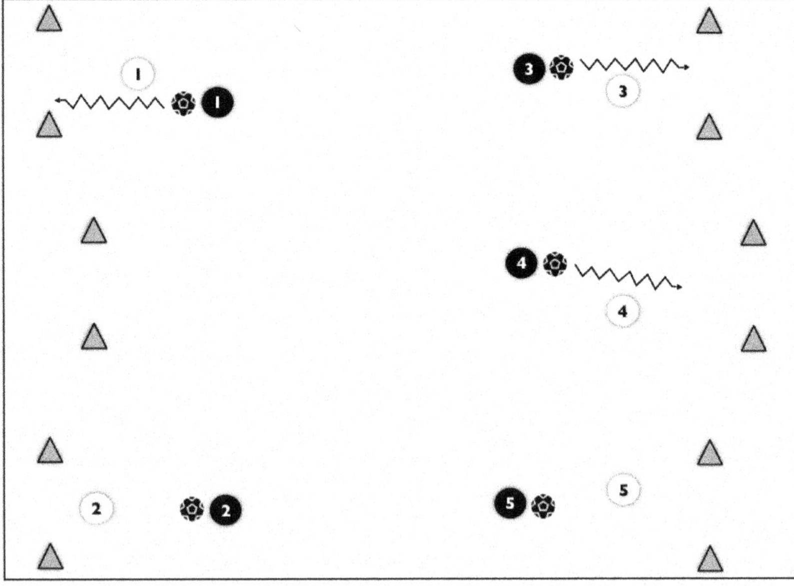

Exercício Nº 29	Objetivo Principal	Melhorar o remate à baliza
	Objetivos Secundários	Melhorar o movimento ofensivo

Aspetos Técnico-Táticos	Remate, desmarcação, passe-receção, apoio, deslocamento		
Jogadores	5 (2 equipas de 2 jogadores + 1 joker)	Campo	20m x 20m (2 balizas)
Material	Cones e bolas	Tempo	6 x 1´

Explicação

Jogo 2:2+1 joker que acompanha a equipa com a posse da bola. Duas balizas normais são colocados em campo, defendidas por 2 guarda-redes, cada jogador ataca e defende uma baliza (ver gráfico). A equipa com a posse da bola deve rematar antes do 4º passe entre os seus jogadores.

Observações	A cada 1´ trocar de joker.

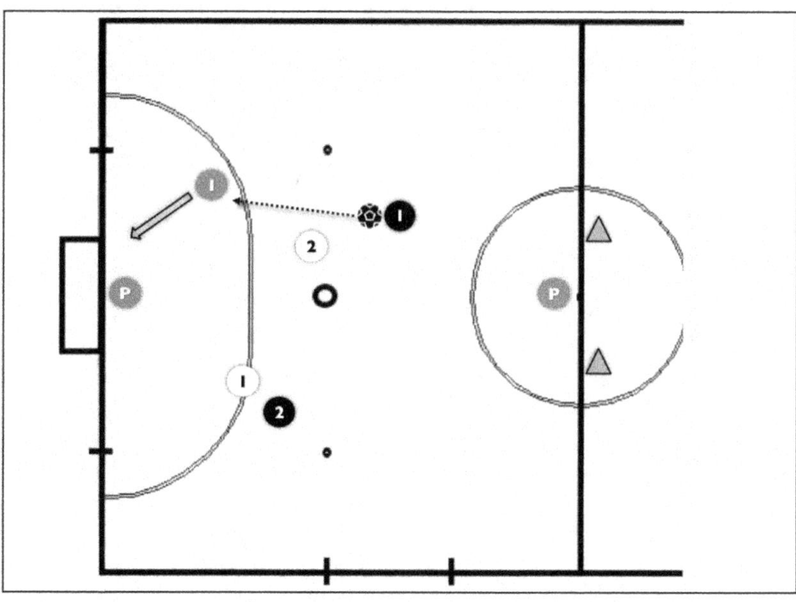

Exercício Nº 30	Objetivo Principal	Melhorar o remate à baliza
	Objetivos Secundários	Melhorar o ataque posicional e o remate

Aspetos Técnico-Táticos	Remate, desmarcação, passe-receção, apoio, deslocamento		
Jogadores	8 (2 equipas de 2 jogadores + 4 jokers)	Campo	20m x 20m (2 balizas)
Material	Cones e bola	Tempo	12 x 1´

Explicação

Jogo 2:2+4 jokers que acompanham a equipa com a posse da bola. Duas balizas normais são colocados em campo, defendidas por 2 guarda-redes, cada jogador ataca e defende uma baliza (ver o gráfico). Os jokers são colocados nos quatro cantos do campo e apoiam a partir daí. A equipa com a posse da bola deve rematar antes do 4º passe entre os seus jogadores.

Observações	A cada 1´ trocar os jokers. Se o guarda-redes agarra a bola devolve-a à equipa contrária.

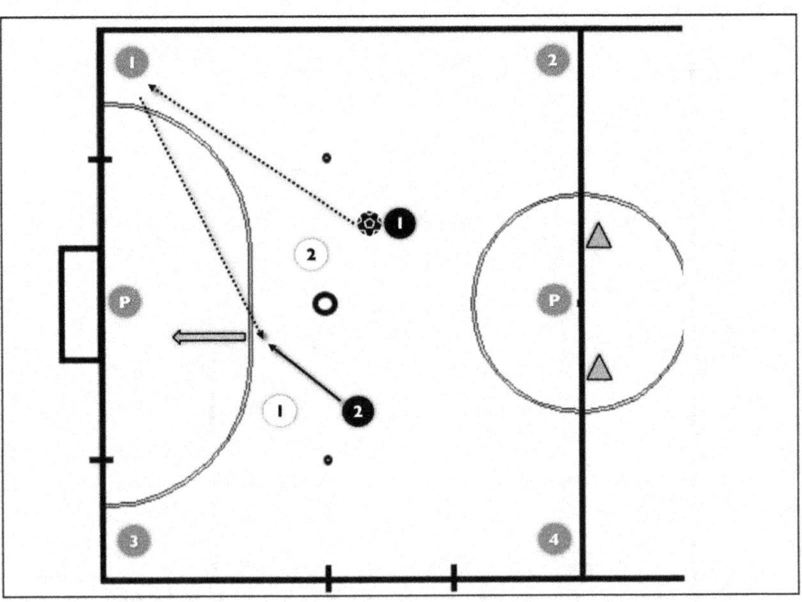

Exercício Nº 31	Objetivo Principal	Melhorar o remate à baliza
	Objetivos Secundários	Melhorar a finalização
Aspetos Técnico-Táticos	Remate, desmarcação, passe-receção, apoio, deslocamento	
Jogadores	6 (2 equipas de 2 jogadores + 2 jokers)	Campo	Área do guarda-redes
Material	Cones e bola	Tempo	6 x 2´
Explicação		

Jogo 2:2+2 jokeres que ajudam a equipa com a posse da bola e apoiam a desde o limite da área (ver gráfico). Cada equipa ataca e defende a mesma baliza. A equipa com posse da bola só pode fazer 4 passes antes de rematar

Observações	A cada 2´ trocar os jokers. Se o guarda-redes agarra a bola, devolve-a à equipa contrária.

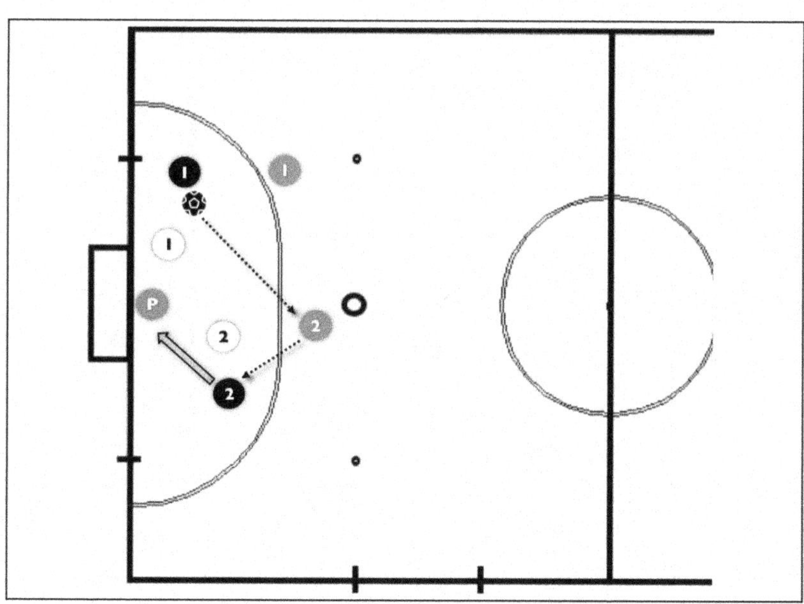

Exercício Nº 32	Objetivo Principal	Melhorar o remate à baliza
	Objetivos Secundários	Melhorar a finalização

Medios Técnico-Táticos	Remate, desmarcação, passe-receção, apoio, deslocamento		
Jogadores	8 (2 equipas de 3 jogadores + 2 jokers	Campo	20m x 20m
Material	Cones e bola	Tempo	6 x 2´

Explicação

Jogo 3:3+2 jokers que acompanham a equipa que tem a posse da bola e apoiam um de cada lado (ver o gráfico). Cada equipa ataca e defende uma baliza. Os atacantes devem rematar à baliza antes do 4º passe.

Observações	A cada 2´ trocar os jokers. Se o guarda-redes agarra a bola devolve-a à equipa contrária.

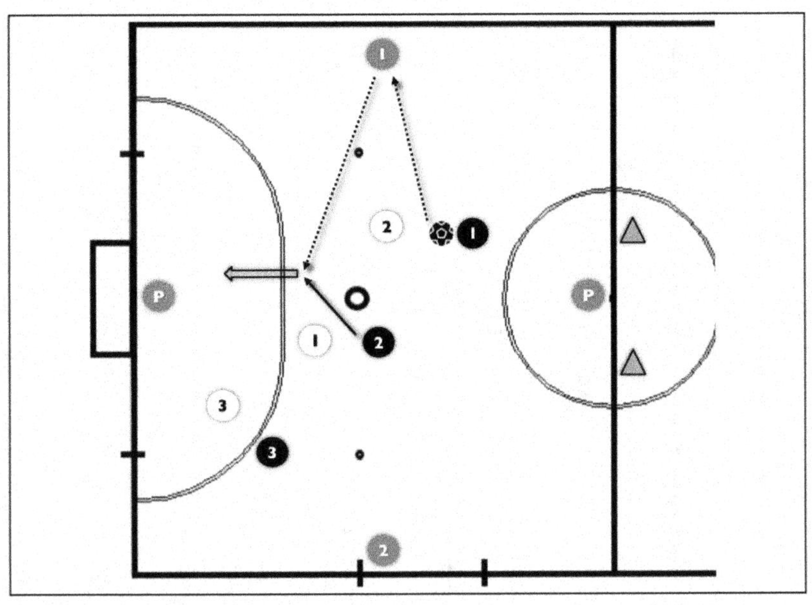

Exercício Nº 33	Objetivo Principal	Melhorar o remate à baliza
	Objetivos Secundários	Melhorar o ataque posicional
Aspetos Técnico-Táticos	Remate, desmarcação, passe-receção, apoio, deslocamento	
Jogadores	8 (2 equipas de 2 jogadores + 4 jokers)	Campo	20m x 20m
Material	Cones e bola	Tempo	9 x 1´

Explicação

Jogo 2:2+4 jokers que acompanham a equipa com a posse da bola e apoiam desde a linha de fundo (ver gráfico). Duas balizas são marcados com dois guarda-redes e cada equipa ataca uma delas. A equipa atacante deve rematar à baliza antes do 4º passe.

Observações	A cada 2´ trocar os jokers. De o guarda-redes agarra a bola devolve-a à equipa contrária.

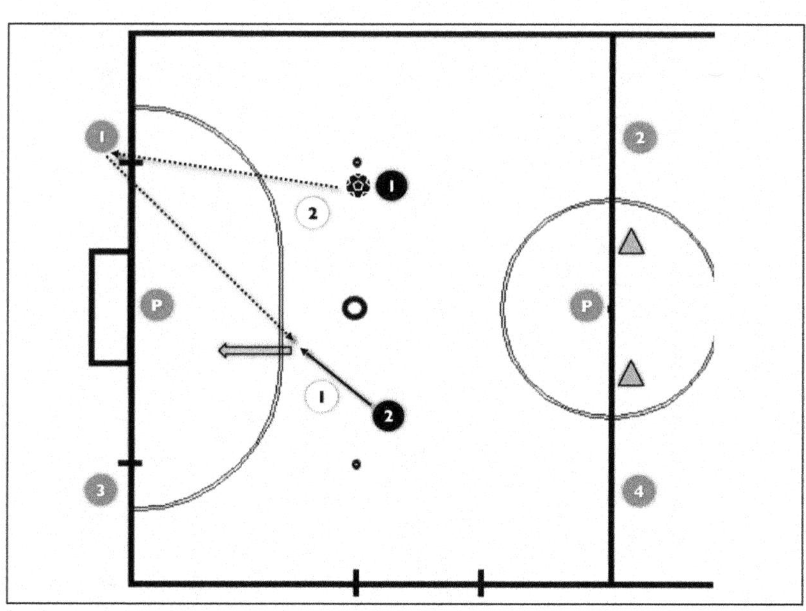

Exercício Nº 34	Objetivo Principal	Melhorar o remate à baliza
	Objetivos Secundários	Melhorar o ataque posicional

Aspetos Técnico-Táticos	Remate, desmarcação, passe-receção, apoio, deslocamento		
Jogadores	10 (2 equipas de 3 jogadores + 4 jokers)	Campo	20m x 20m
Material	Cones e bola	Tempo	6 x 2′

Explicação

Jogo 3:3+4 jokers que acompanham a equipa com posse de bola e apoiam desde os cantos do campo de jogo (ver o gráfico). Existem duas balizas e dois guarda-redes e cada equipa ataca uma delas. A equipa atacante deve rematar à baliza antes do 4º passe.

Observações	A cada 2′ trocar os jokers. Se o guarda-redes agarra a bola devolve-a à equipa contrária.

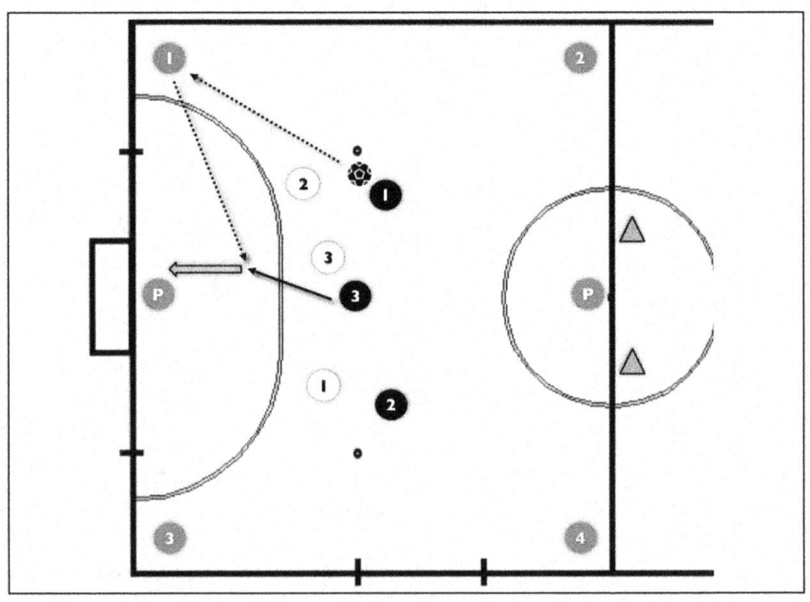

Exercício Nº 35	Objetivo Principal	Melhorar o remate à baliza
	Objetivos Secundários	Melhorar a finalização
Aspetos Técnico-Táticos	Remate, desmarcação, passe-receção, apoio, deslocamento	
Jogadores	4 (2 equipas de 2 jogadores)	Campo
		20m x 20m
Material	Cones e bola	Tempo
		8 x 1´

<table>
<tr><td colspan="3" align="center">Explicação</td></tr>
<tr><td colspan="3">

Jogo 2:2, colocam-se duas balizas normais no campo com 2 guarda-redes e cada equipa ataca e defende uma delas. A equipa atacante tem 20´´para rematar.

</td></tr>
<tr><td>Observações</td><td colspan="2">Se o guarda-redes agarra a bola devolve-a à equipa contrária.</td></tr>
</table>

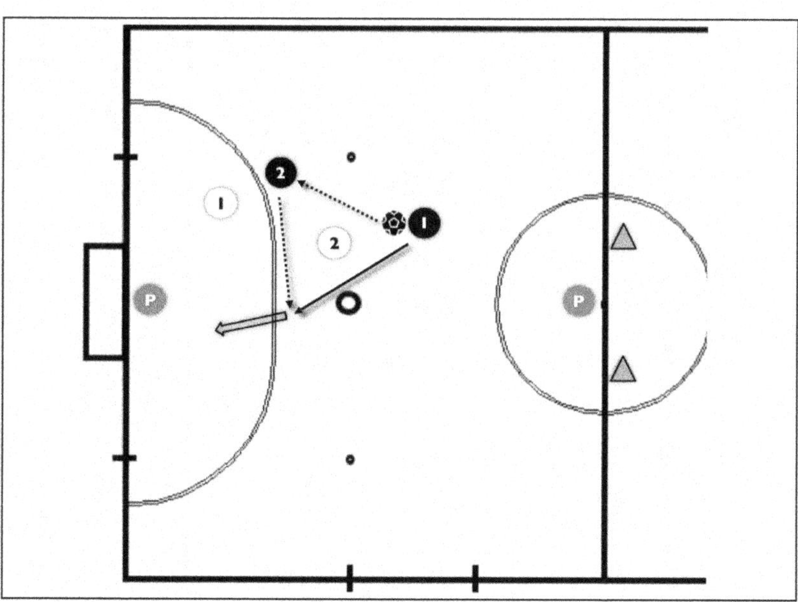

Exercício Nº 36	Objetivo Principal	Melhorar o remate à baliza
	Objetivos Secundários	Melhorar o remate de longa distância
Aspetos Técnico-Táticos	Remate, desmarcação, passe-receção, apoio, deslocamento	
Jogadores	4 (2 equipas de 2 jogadores)	Campo	20m x 20m (zona central de 10m)
Material	Cones e bola	Tempo	8 x 1´
Explicação		

Jogo 2:2, com uma zona central delimitada de 10m (ver gráfico). Os jogadores não podem sair desta zona e devem finalizar dentro da zona. Colocam-se 2 balizas normais e 2 guarda-redes e cada equipa ataca e defende uma delas. A equipa atacante tem 15´´ para finalizar.

Observações	Se o guarda-redes agarra a bola devolve-a à equipa contrária.

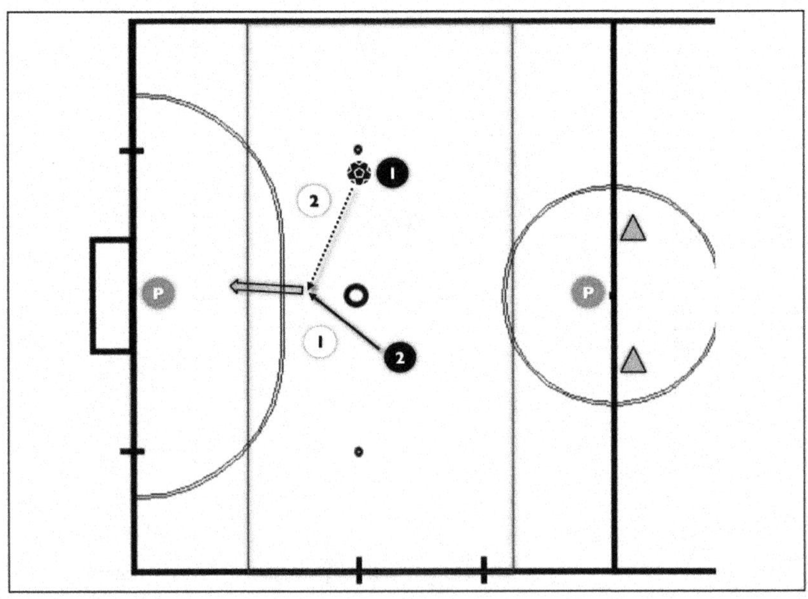

Exercício N° 37	Objetivo Principal	Melhorar o remate à baliza
	Objetivos Secundários	Melhorar os movimentos ofensivos e a desmarcação
Aspetos Técnico-Táticos	Remate, desmarcação, passe-receção, apoio, deslocamento	
Jogadores	6 (2 equipas de 3 jogadores)	Campo	20m x 20m
Material	Cones e bola	Tempo	8 x 1´
Explicação		

Jogo 3:3, colocam-se em campo 2 balizas com 2 guarda-redes e cada equipa ataca uma delas (ver gráfico). A equipa atacante deve rematar à baliza antes do 4º passe.

Observações	Se o guarda-redes agarra a bola devolve-a à equipa contrária.

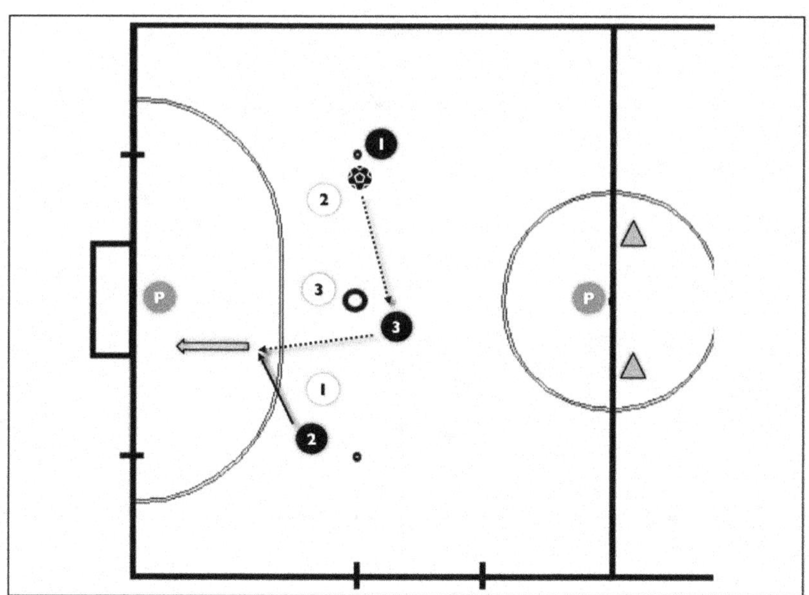

Exercício Nº 38	Objetivo Principal	Melhorar o remate à baliza
	Objetivos Secundários	Melhorar o remate de longa distância
Aspetos Técnico-Táticos	Remate, desmarcação, passe-receção, apoio, deslocamento	
Jogadores	6 (2 equipas de 3 jogadores)	Campo	40m x 20m (zona central de 20m)
Material	Cones e bola	Tempo	4 x 2´
Explicação		

Jogo 3:3, delimita-se uma zona central de 20 m (ver gráfico) e não se permite jogar fora desta, pelo que se deve finalizar desde dentro desta. São colocadas 2 balizas e 2 guarda-redes e cada equipa ataca uma delas. A equipa atacante deve rematar à baliza antes do 4º passe.

Observações	Se o guarda-redes agarra a bola devolve-a à equipa contrária.

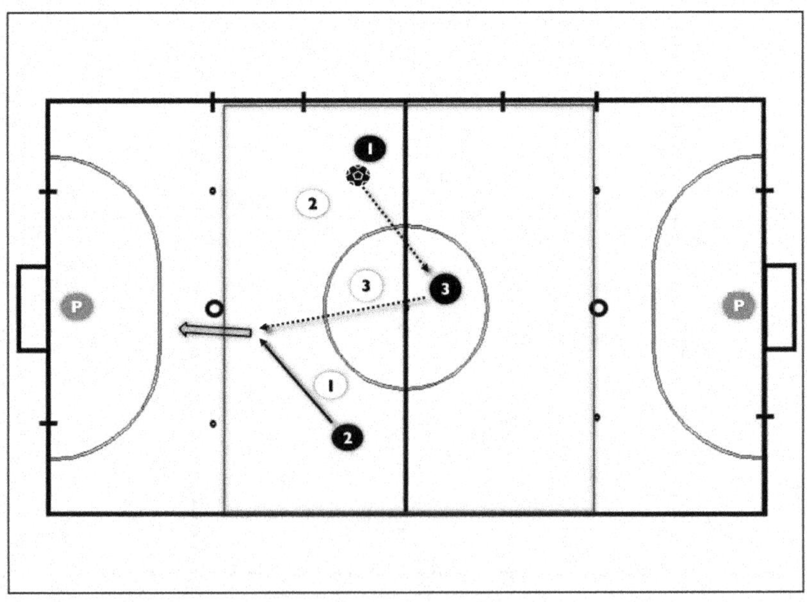

Exercício Nº 39	Objetivo Principal	Melhorar o remata à baliza
	Objetivos Secundários	Melhorar o remate de longa distância
Aspetos Técnico-Táticos	Remate, desmarcação, passe-receção, apoio, deslocamento	
Jogadores	8 (2 equipas de 4 jogadores)	Campo	40m x 20m (zona central de 20m)
Material	Cones e bola	Tempo	4 x 2´

Explicação

Jogo 4: 4, delimita-se uma zona central de 20 m (ver gráfico) e não se permite jogar fora dela, pelo que se deve finalizar desde dentro desta. Colocam-se 2 balizas e 2 guarda-redes e cada equipa ataca uma destas. A equipa atacante tem que rematar para a baliza antes do 4° passe.

Observações	Se o guarda-redes agarra a bola devolve-a à equipa contrária.

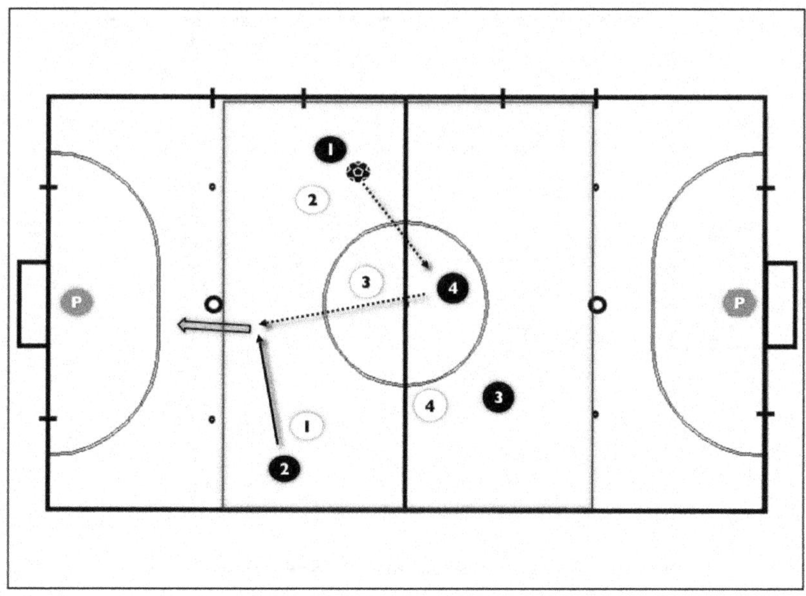

Exercício Nº 40	Objetivo Principal	Melhorar o remate à baliza
	Objetivos Secundários	Melhorar a desmarcação e as tabelas

Aspetos Técnico-Táticos	Remate, desmarcação, passe-receção, apoio, deslocamento		
Jogadores	5 (2 equipas de 2 jogadores + 1 joker defensivo)	Campo	20m x 20m
Material	Cones e bola	Tempo	9 x 1´

Explicação

Jogo 2:2+1 joker defensivo. São colocadas 2 balizas no campo de jogo e 2 guarda-redes e cada equipa ataca uma delas. A equipa atacante tem 20´´ para finalizar a jogada com um remate à baliza.

Observações	A cada 1´ trocar os jokers. Se o guarda-redes agarra a bola devolve-a à equipa contrária.

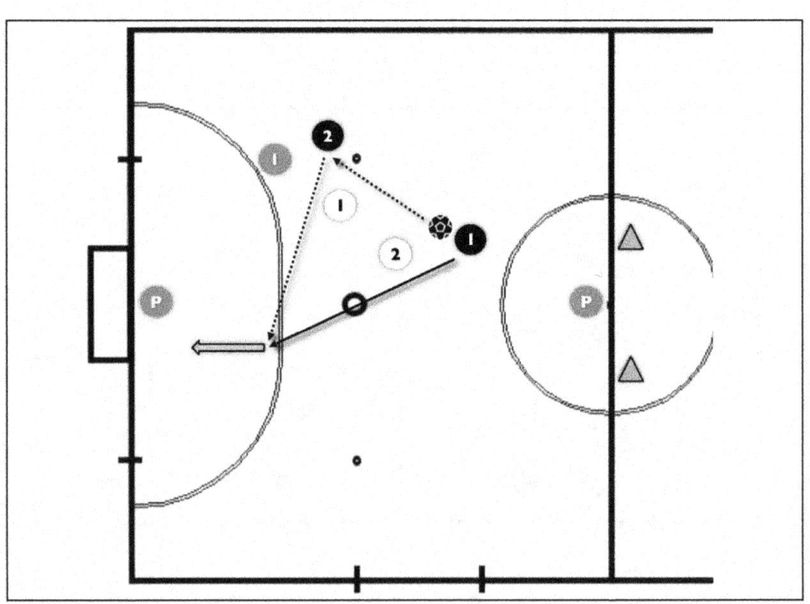

Exercício Nº 41	Objetivo Principal	Melhorar o remate à baliza
	Objetivos Secundários	Melhorar a condução da bola
Aspetos Técnico-Táticos	Remate, domínio da bola, deslocamento	
Jogadores	3 (1 contra 1 + 1 joker defensivo)	Campo	20m x 20m
Material	Cones e bola	Tempo	9 x 1´
Explicação		

Jogo 1:1+1 joker defensivo. Coloca-se em campo uma baliza (ver gráfico), e pode-se marcar golo pelos dois lados da baliza, com um guarda-redes neutro. O jogador atacante tem que rematar à baliza antes que passem 15´´.

Observações	A cada 1´ trocar os jokers. Se o guarda-redes agarra a bola devolve-a à equipa contrária.

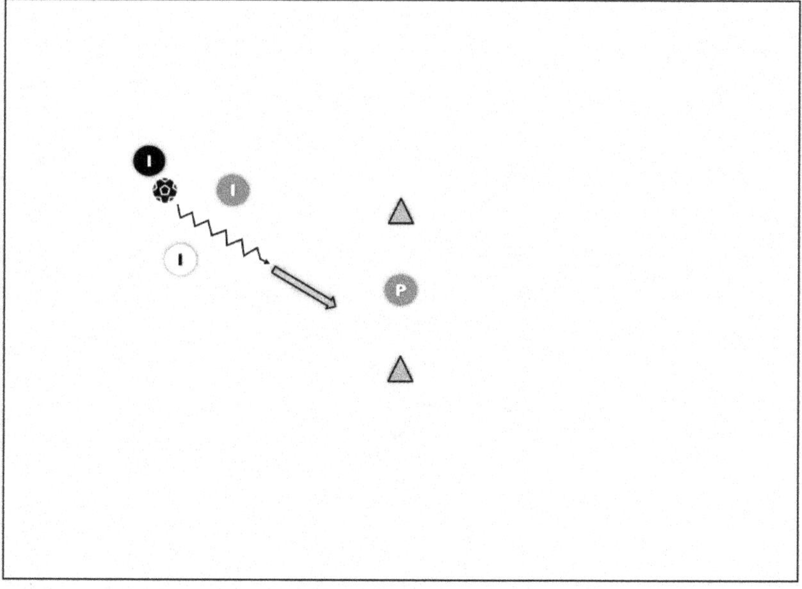

Exercício Nº 42	Objetivo Principal	Melhorar o cabeceamento
	Objetivos Secundários	Melhorar o passe e o controle da bola
Aspetos Técnico-Táticos	Passe-receção, apoio, domínio da bola	
Jogadores	5 (4 atacantes e 1 defensor)	Campo	8m x 8m
Material	Cones e bola	Tempo	8´
Explicação		

Jogo 4:1, os quatro atacantes são colocados nas laterais do quadrado e podem-se mover por essas laterais. O defensor é colocado dentro do quadrado e tenta recuperar a bola. Os atacantes só podem passar a bola com a cabeça e se falharem, mudam com o defensor.

Observações	

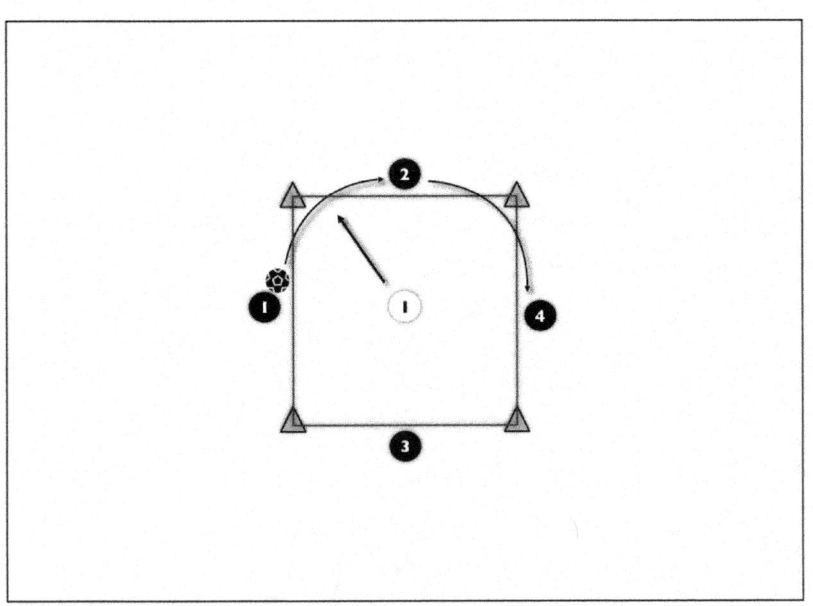

Exercício Nº 43	Objetivo Principal	Melhorar o cabeceamento
	Objetivos Secundários	Melhorar o controle aéreo da bola
Aspetos Técnico-Táticos	Desmarcação, remate, passe-receção, apoio	
Jogadores	10 (2 equipas de 4 jogadores + 2 jokers)	Campo	20m x 20m
Material	Cones e bola	Tempo	5 x 2´
Explicação		

Jogo 4:4+2 jokers que apoiam a equipa atacante. Cada equipa ataca e defende uma das balizas. Os jogadores atacantes só podem passar ou "rematar" com a cabeça e, se a bola cair no chão, a posse da bola é alterada.

Observações	A cada 2´ trocar os jokers. Se o guarda-redes agarra a bola devolve-a à equipa contrária.

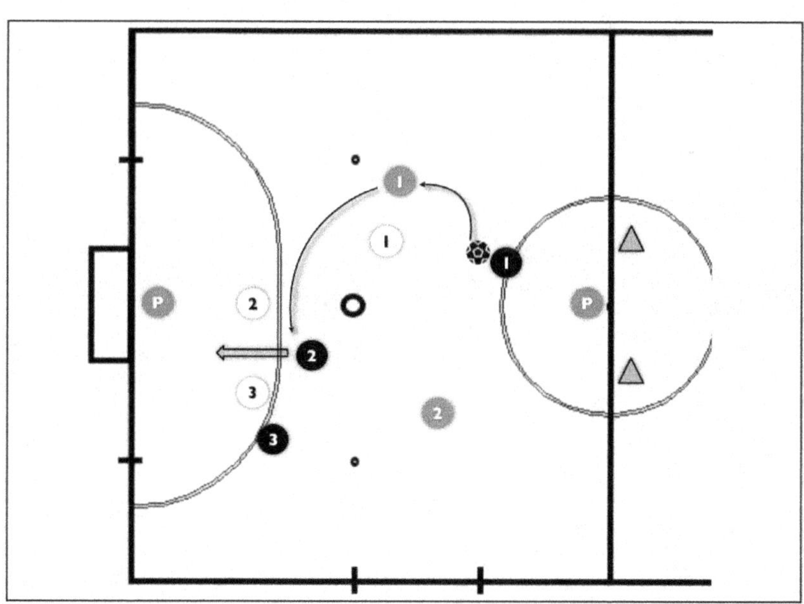

Exercício Nº 44	Objetivo Principal	Melhorar o cabeceamento
	Objetivos Secundários	Melhorar o controle e o passe aéreo
Aspetos Técnico-Táticos	Desmarcação, remate, passe-receção, apoio	
Jogadores	8 (2 equipas de 4 jogadores)	Campo	20m x 20m (2 balizas)
Material	Cones e bola	Tempo	8´

Explicação

Jogo 4:4, cada equipa ataca e defende as duas balizas e com os dois guarda-redes. A equipa atacante só pode passar e finalizar mediante o jogo de cabeça. Se a bola cair no chão ou for agarrada pelo guarda-redes, a posse de bola é alterada.

Observações

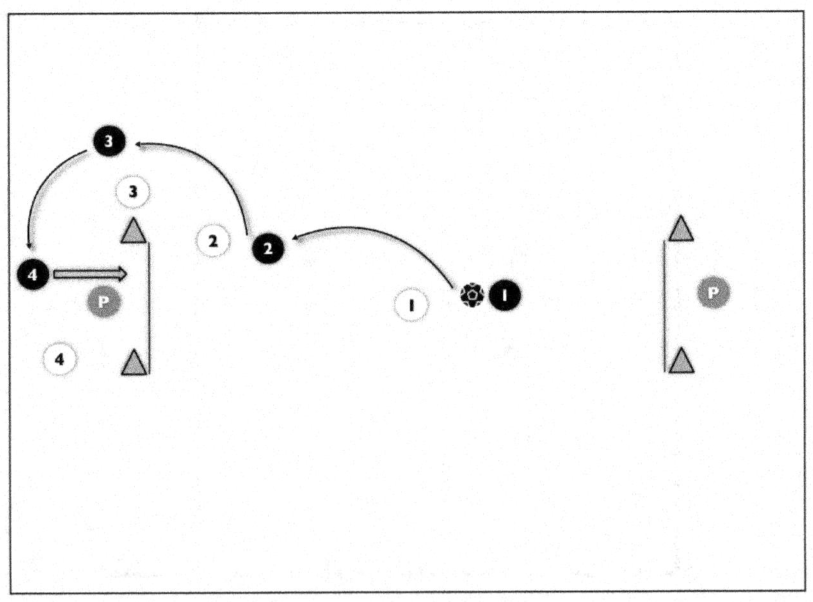

Exercício N° 45	Objetivo Principal	Melhorar o cabeceamento
	Objetivos Secundários	Melhorar os cruzamentos desde as laterais
Aspetos Técnico-Táticos	Desmarcação, remate, passe-receção, apoio	
Jogadores	8 (2 equipas de 4 jogadores)	Campo	40m x 20m
Material	Cones e bola	Tempo	5 x 4´
Explicação			

Jogo 5:5, cada equipa ataca e defende uma baliza com o seu guarda-redes. Cada equipa coloca 1 jogador em cada uma das laterais (ver gráfico). O golo só é válido quando provem de um centro e é marcado com a cabeça.

Observações	

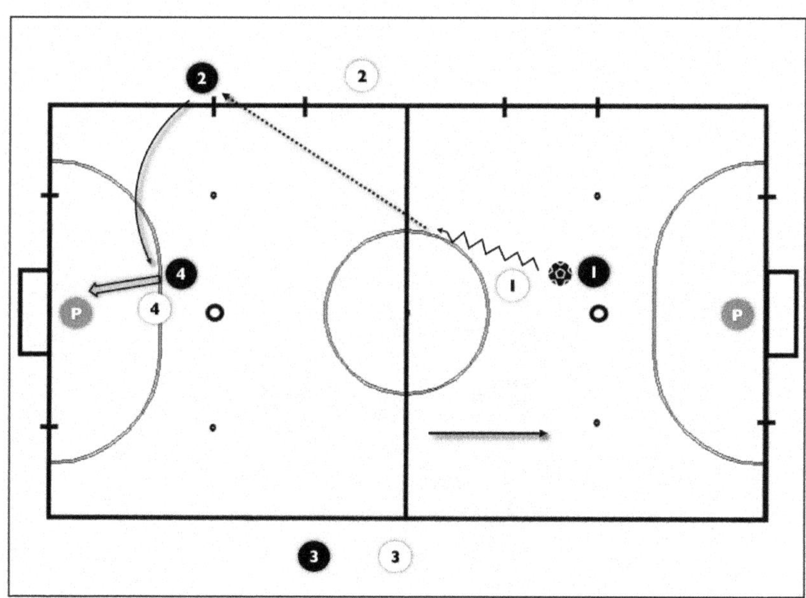

Exercício Nº 46	Objetivo Principal	Melhorar o passe	
	Objetivos Secundários	Melhorar os apoios e as linhas de passe	
Aspetos Técnico-Táticos	Passe-receção, apoio, domínio da bola		
Jogadores	4 (3 atacantes e 1 defensor)	Campo	Triângulo de 6m
Material	Cones e bola	Tempo	8'
Explicação			

Jogo 3:1, com os três atacantes situados nas extremidades do triângulo e um defensor dentro do mesmo que tenta recuperar a bola.

Observações	Joga-se obrigatoriamente a 1 toque.

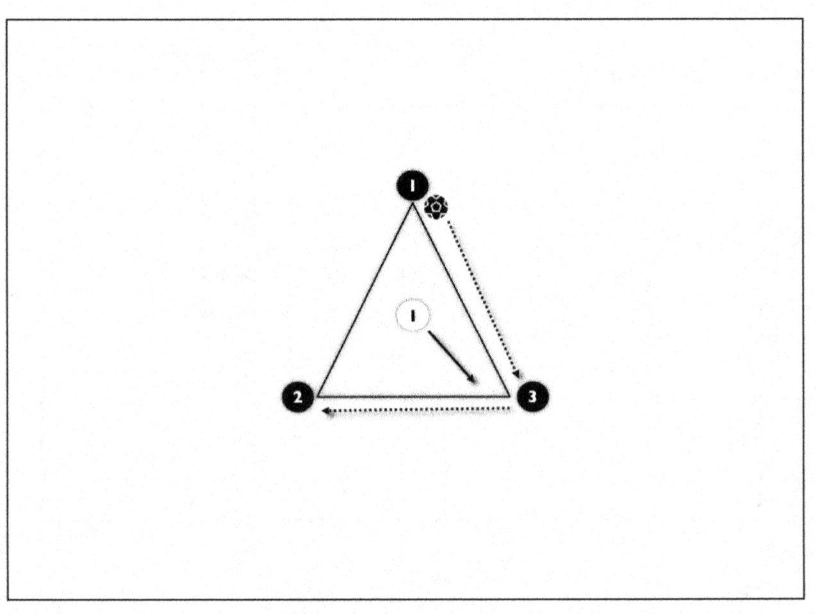

Exercício Nº 47	Objetivo Principal	Melhorar o passe
	Objetivos Secundários	Melhorar a desmarcação e as "tabelas"
Aspetos Técnico-Tácticos	Desmarcação, passe-receção, apoio, deslocamento	
Jogadores	4 (1:1+2 jokers)	Campo	8m x 8m
Material	Cones e bola	Tempo	8 x 1´

Explicação
Jogo 1:1+2 jokers que apoiam o jogador com a posse da bola e estão situados nos cantos do quadrado.

Observações	A cada 1´ trocar os jokers. Joga-se obrigatoriamente a 1 toque obrigatoriamente.

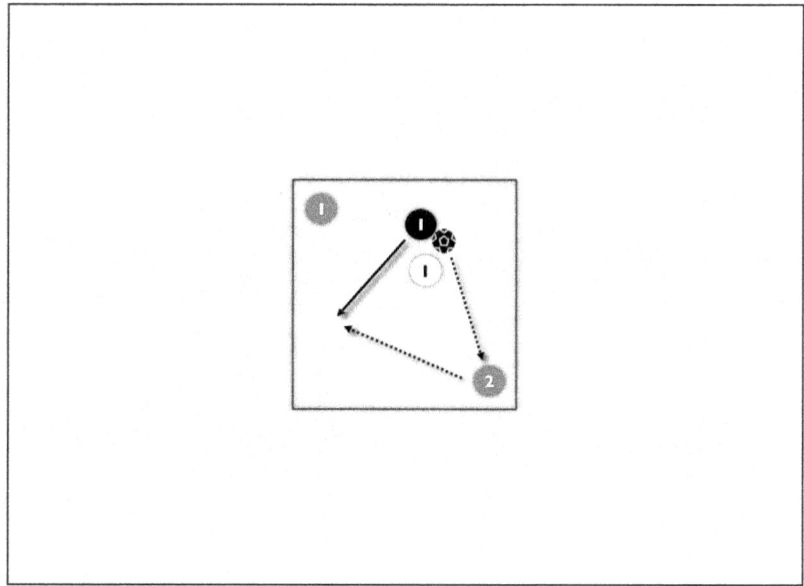

Exercício Nº 48	Objetivo Principal	Melhorar o passe
	Objetivos Secundários	Melhorar a desmarcação
Aspetos Técnico-Táticos	Desmarcação, passe-receção, apoio, deslocamento	
Jogadores	8 (2 equipas de 2 jogadores + 4 jokers)	Campo	15m x 15m
Material	Cones e bola	Tempo	4 x 2´

<table>
<tr><td colspan="3" align="center">Explicação</td></tr>
<tr><td colspan="3">Jogo 2:2+4 jokers que apoiam a equipa com posse de bola e estão situados nas laterais do campo de jogo.</td></tr>
<tr><td>Observações</td><td colspan="2" align="center">A cada 2´ trocar os jokers.
Joga-se obrigatoriamente a 1 toque.</td></tr>
</table>

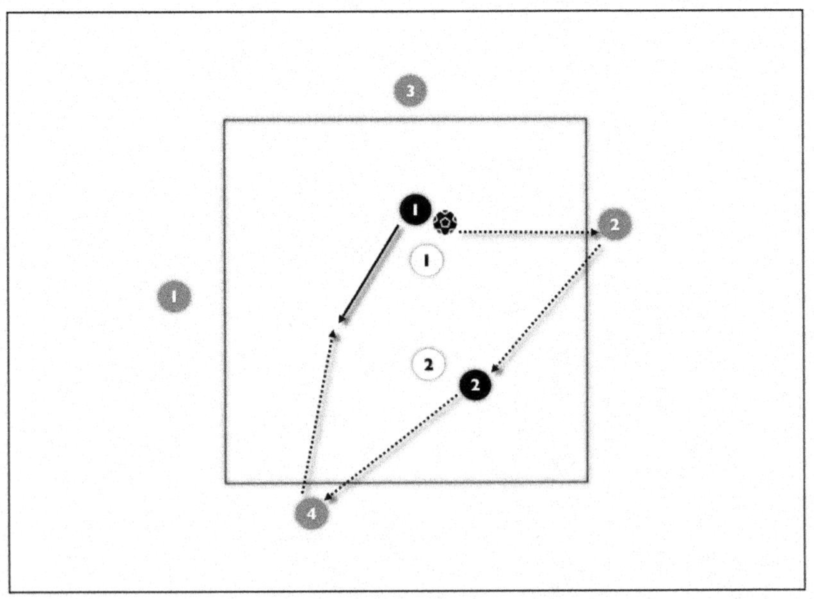

Exercício Nº 49	Objetivo Principal	Melhorar o passe	
	Objetivos Secundários	Melhorar os apoios e as linhas de passe	
Aspetos Técnico-Táticos	Desmarcação, passe-receção, apoio, deslocamento		
Jogadores	9 (2 equipas de 3 jogadores + 3 jokers)	Campo	20m x 20m
Material	Cones e bola	Tempo	3 x 3´
Explicação			

Jogo 3:3+3 jokers que apoiam a equipa com a posse da bola. O campo de jogo é dividido em três partes iguais (ver gráfico) e um jogador de cada equipa é colocado em cada parte, junto com um joker.

Observações	A cada 3´ trocar os jokers. Joga-se a 1 toque.

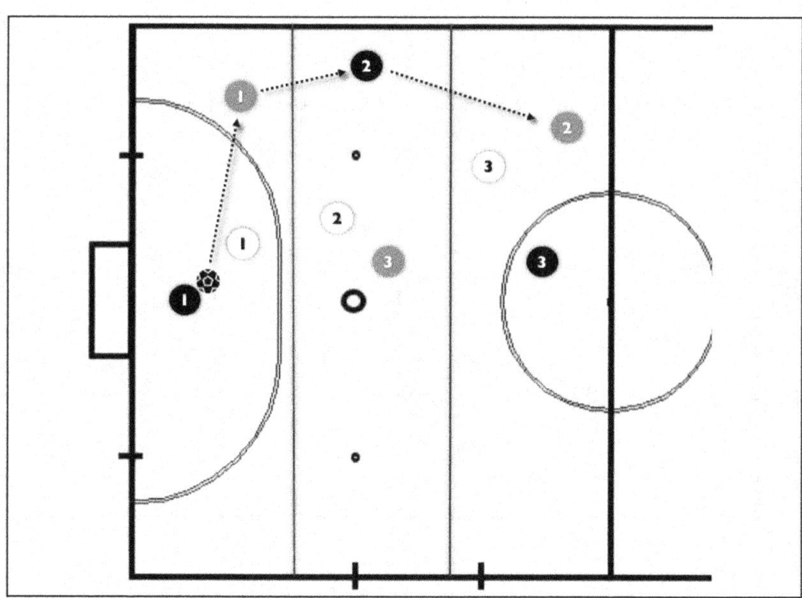

Exercício Nº 50	Objetivo Principal	Melhorar o passe	
	Objetivos Secundários	Melhorar as mudanças de sentido do jogo	
Aspetos Técnico-Táticos	Desmarcação, passe-receção, apoio, deslocamento		
Jogadores	10 (2 equipas de 4 jogadores + 2 jokers)	Campo	40m x 20m (zona central 10m)
Material	Cones e bola	Tempo	3 x 3´
Explicação			

Jogo 4:4+2 jokers que apoiam a equipa com a posse da bola. O campo de jogo é dividido em 2 zonas onde é permitido jogar e outra zona onde é proibido (zona central de 10m). Cada equipa coloca metade dos seus jogadores em cada zona, além de um joker.

Observações	A cada 3´ trocar de jokers. A equipa atacante pode fazer um máximo 4 passes antes de mudar a bola de zona.

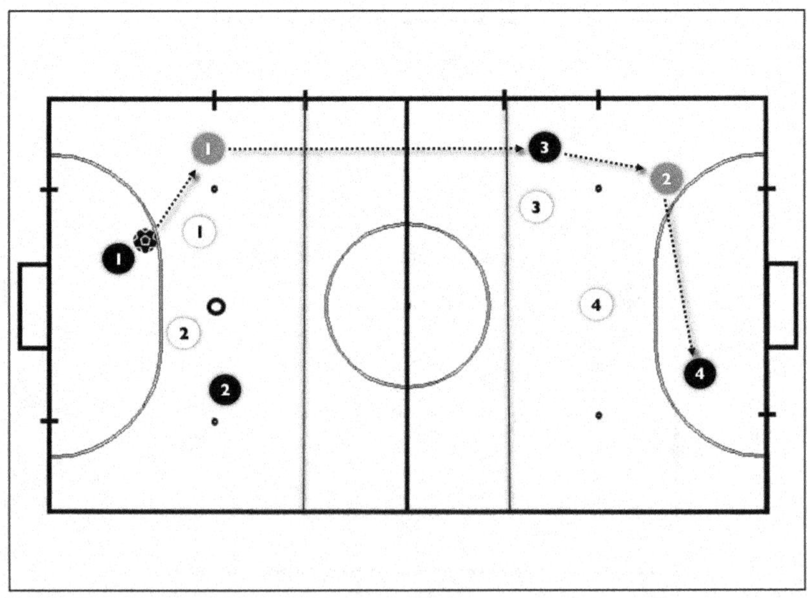

Exercício Nº 51	Objetivo Principal	Posse de bola
	Objetivos Secundários	Melhorar os aspetos técnico-tácticos para manter a posse de bola
Aspetos Técnico-Táticos	Passe, ocupação de espaços e controle da bola	
Jogadores	8(4:4)	Campo	15 m x 15 m
Material	Cones, bolas e coletes	Tempo	4 x 2´

Explicação
Jogo 4:4, dois dos jogadores de cada quarteto, colocam-se em dois quadrados. Cada quarteto tem que dar 10 passes consecutivos, para ganhar um ponto, Trocam-se os jogadores que estão nos quadrados a cada 2´.

Observações	A equipa ganha um ponto a cada 10 passes consecutivos, Trocam-se os jokers a cada 2´.

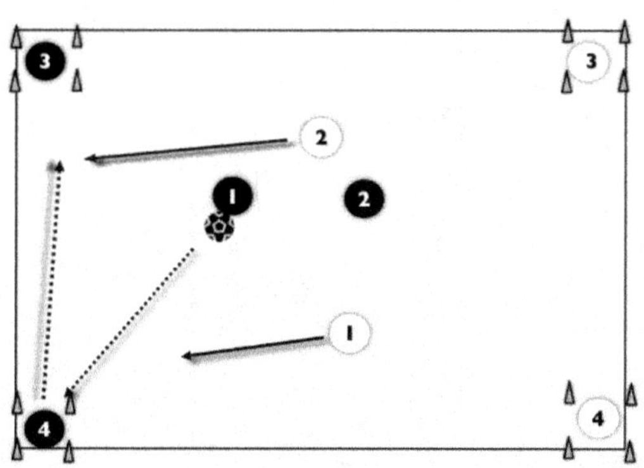

Exercício Nº 52	Objetivo Principal	Posse de bola
	Objetivos Secundários	Melhorar os aspetos técnico-tácticos para manter a posse de bola
Aspetos Técnico-Táticos	Passe, ocupação de espaços e controle da bola	
Jogadores	8(4:4)	Campo	12 m x 12 m
Material	Cones, bolas e coletes	Tempo	4 x 2´
Explicação		

Jogo 4:4, dois jogadores de cada par jogam por dentro do campo e os outros dois por fora. Têm de manter a posse da bola para somar pontos, apoiando-se com os jogadores que jogam por fora e que pertencem à sua equipa.

Observações	Invertem-se os papeis a cada 2´, consegue-se um ponto por cada 10 passes consecutivos.

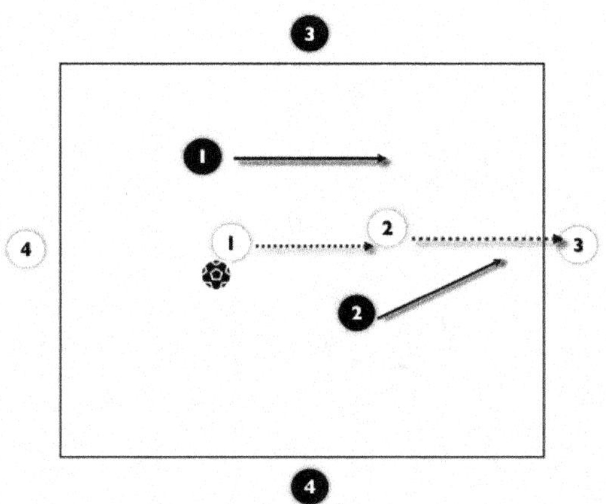

Exercício Nº 53	Objetivo Principal	Posse de bola e a finalização
	Objetivos Secundários	Melhorar os aspetos técnico-táticos para manter a posse de bola e as finalizações
Aspetos Técnico-Táticos	Passe, ocupação de espaços, controle da bola, remate, drible, finta	
Jogadores	10(5:5)	Campo	50 m x 30 m
Material	Cones, bolas, coletes e balizas	Tempo	10′
Explicação			

Jogo 6:6, com balizas oficiais e guarda-redes. Tem que dar 8 passes consecutivos e finalizar, marcando golo.

Observações	Não é válido o golo se não derem o número de passes prévios necessários.

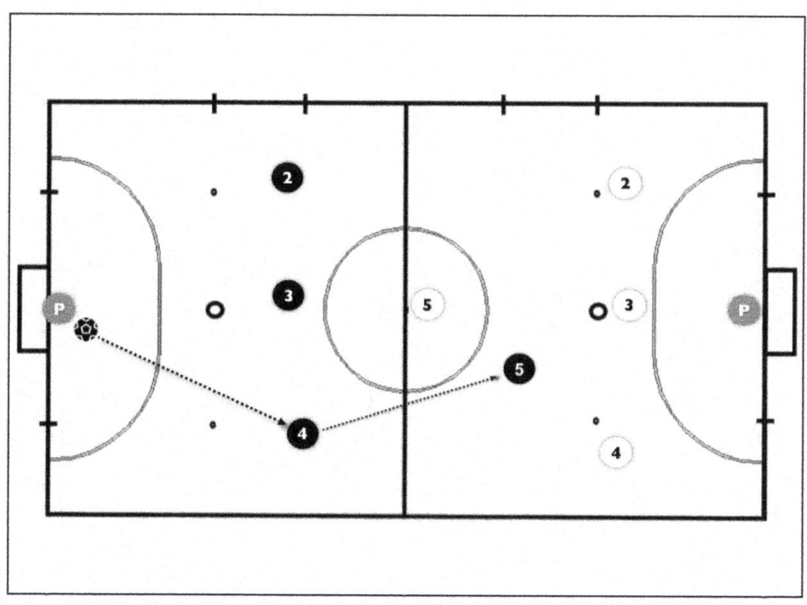

Exercício Nº 54	Objetivo Principal	Posse de bola e finalização
	Objetivos Secundários	Melhorar os aspetos técnico-tácticos para manter a posse da bola e a finalização
Aspetos Técnico-Táticos	Passe, ocupação de espaços, controle da bola, dribles, remate	
Jogadores	12(5:5+2)	Campo	50m x 35 m
Material	Cones, bolas e coletes	Tempo	10´
Explicação		

Jogo 6.6+2, a equipa que defende conta com dois jokers defensivos para fazer superioridade defensiva.

Observações	Tem que se dar no minímo 8 passes consecutivos para poder marcar golo.

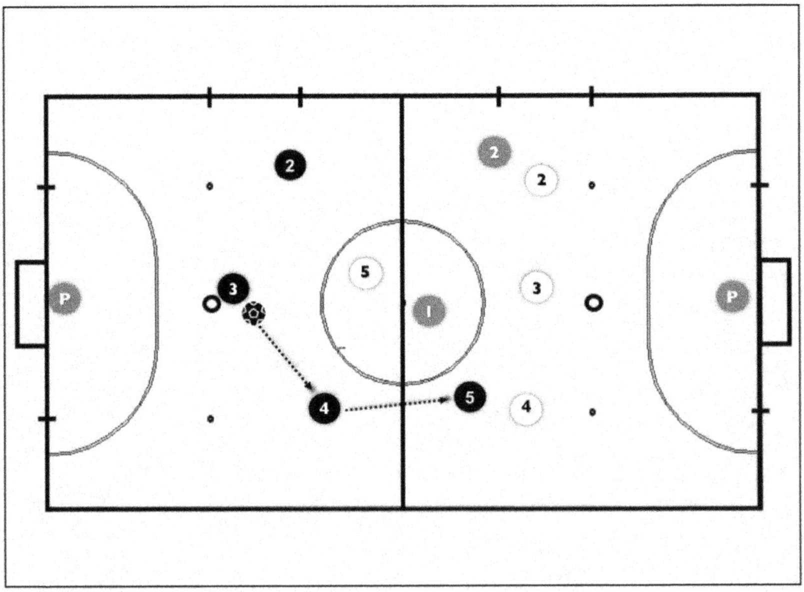

EDITORIAL WANCEULEN

Exercício N° 55	Objetivo Principal	Posse de bola
	Objetivos Secundários	Melhorar os aspetos técnico-tácticos para manter a posse de bola.
Aspetos Técnico-Táticos	Passe, ocupação de espaços, controle da bola	
Jogadores	12(5:5+2)	Campo	20m x 20m
Material	Cones, bolas e coletes	Tempo	10′
Explicação		

Jogo 5:5+2, a equipa que defende tem dois jokers para ter superioridade defensiva. No campo, temos 5 triângulos e para marcar pontos, a equipa com posse de bola deve receber um passe dentro de um dos triângulos.

Observações	Tem que se dar no minimo 8 passes consecutivos para poder marca golo.

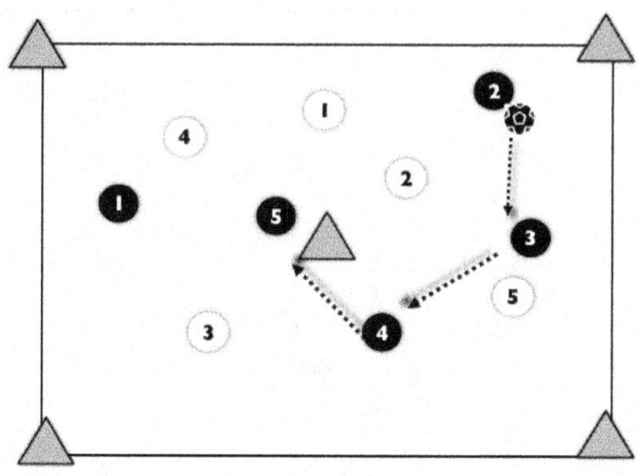

Exercício N° 56	Objetivo Principal	Posse de bola e finalização
	Objetivos Secundários	Melhorar os aspetos técnico-tácticos para manter a posse de bola e finalizar

Aspetos Técnico-Táticos	Passe, ocupação de espaços, controle da bola		
Jogadores	5 x 5	Campo	40m x 20m
Material	Cones, bolas e coletes	Tempo	4 x 10'

Explicação

Jogo 5x5, a equipa que tem a posse da bola deve dar 10 passes consecutivos para poder marcar golo.

Observações	Tem que se dar no minímo 10 pases consecutivos para poder marcar golo.

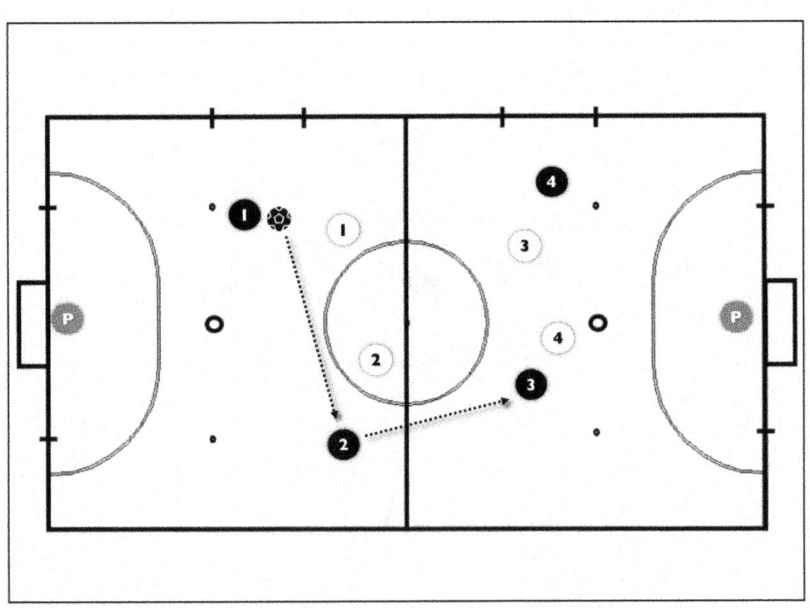

Exercício Nº 57	Objetivo Principal	Posse de bola e finalização
	Objetivos Secundários	Melhorar os aspetos técnico-tácticos para manter a posse de bola e melhorar o jogo pelos corredores laterais
Aspetos Técnico-Táticos	Passe, ocupação de espaços, controle da bola	
Jogadores	5 x 5	
		Campo — Delimitado entre 2 zonas uma em cada corredor lateral
Material	Cones, bolas e coletes	Tempo — 4 x 10′
Explicação		

Jogo 5x5, a equipa com posse de bola deve passar a bola pelas laterais (ambas) antes de ter a opção de finalizar.

Observações	Não é válido o golo, sem que a bola passe pelas duas laterais na mesma posse de bola.

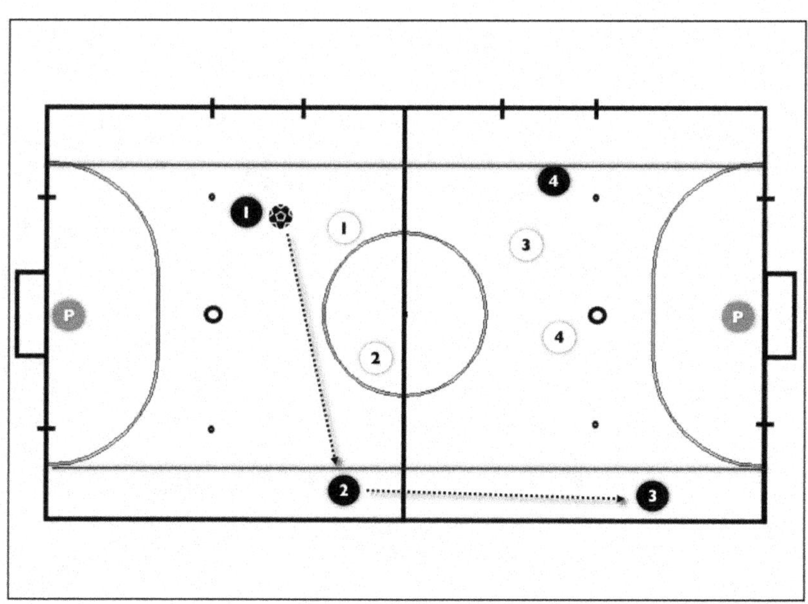

Exercício N° 58	Objetivo Principal	Posse de bola e finalização
	Objetivos Secundários	Melhorar os aspetos técnico-tácticos para manter a posse da bola e finalizar melhorando o jogo pelos corredores laterais
Aspetos Técnico-Táticos	Passe, ocupação de espaços, controle da bola	
Jogadores	5 x 5	Campo	Delimitada uma área de 10m x 20m na zona central
Material	Cones, bolas e coletes	Tempo	4 x 10´
Explicação		

Jogo 5x5, está delimitada uma zona central do campo, onde não se pode jogar, o número de toques é livre.

Observações	Não se pode usar a zona central delimitada.

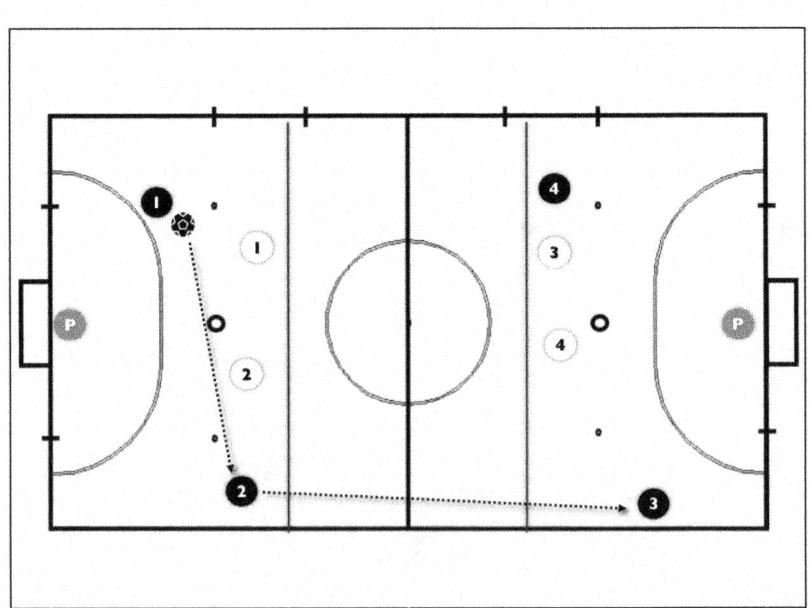

Exercício N° 59	Objetivo Principal	Posse de bola e finalização
	Objetivos Secundários	Melhorar os aspetos técnico-tácticos para manter a posse de bola e finalização melhorando o jogo pelos corredores laterais
Aspetos Técnico-Táticos	Passe, ocupação de espaços, controle da bola	
Jogadores	5 x 5	Campo	Zonas delimitadas nos cantos do campo de 5m x 5m
Material	Cones, bolas e coletes	Tempo	4 x 10´
Explicação		

Jogo 5x5, estão delimitadas 4 zonas no campo, para que seja considerado golo a bola deverá vir de uma dessas quatro zonas.

Observações	A bola tem que que vir de uma dessas quatro zonas.

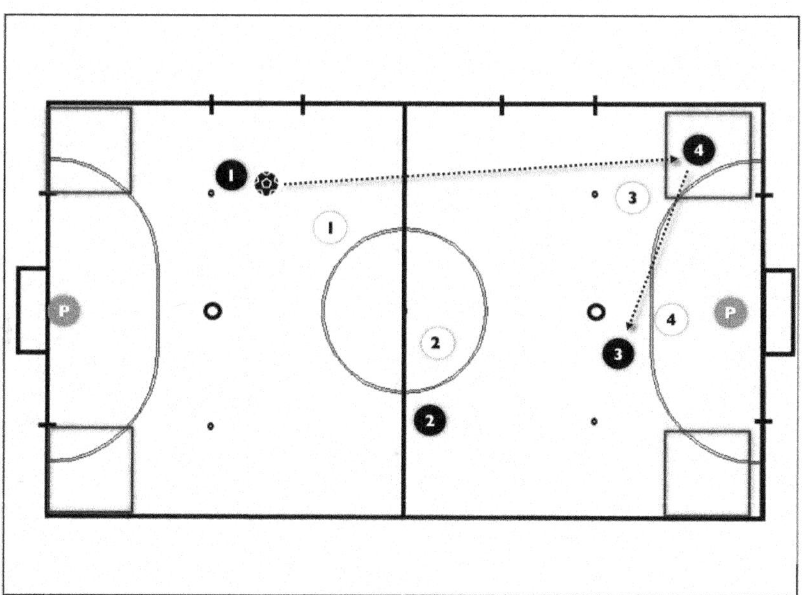

Exercício N° 60	Objetivo Principal	Posse de bola e finalização
	Objetivos Secundários	Melhorar os aspetos técnico-tácticos para manter a posse de bola e finalizar, e melhorar o jogo pelos corredores laterais

Aspetos Técnico-Táticos	Passe, ocupação de espaços, controle da bola		
Jogadores	5 x 5	Campo	Delimitada uma área na zona central do campo
Material	Cones, bolas e coletes	Tempo	4 x 10′

Explicação

Jogo 5x5, na área central do campo haverá uma zona na qual, se houver contato com a mão de um jogador da outra equipa com um jogador que tenha a posse da bola da equipa adversária, ele perderá a posse da mesma.

Observações	Tem que existir um contato notório.

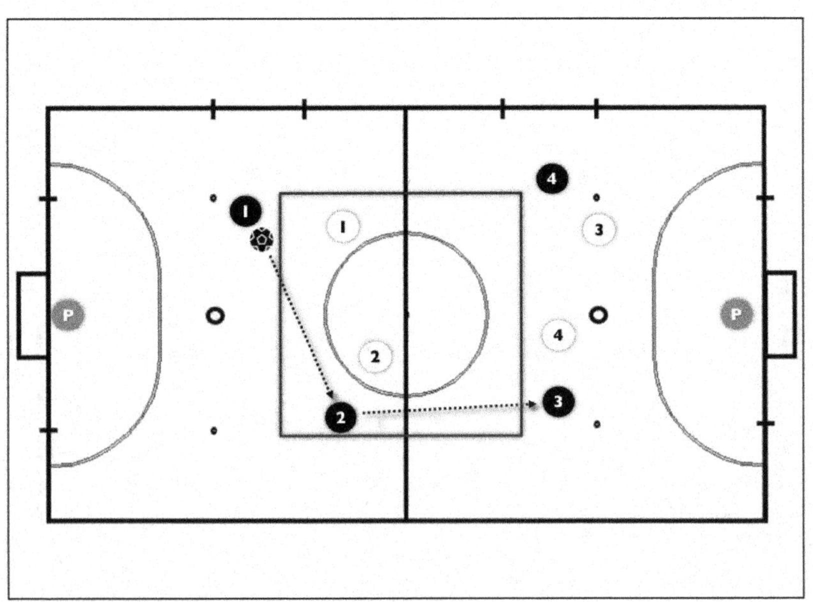

Exercício N° 61	Objetivo Principal	Posse de bola e finalização
	Objetivos Secundários	Melhorar os aspetos técnico-tácticos para manter a posse de bola e finalizar, e melhorar o jogo combinativo no contra-ataque
Aspetos Técnico-Táticos	Passe, ocupação de espaços, controle da bola	
Jogadores	5 x 5	Campo	Delimitada uma área na zona central do campo
Material	Cones, bolas e coletes	Tempo	4 x 10′
Explicação			

Jogo 5x5, a bola não pode ser jogada na área delimitada na zona central do campo. O número de toques é livre e há a regra do fora de jogo.

Observações	

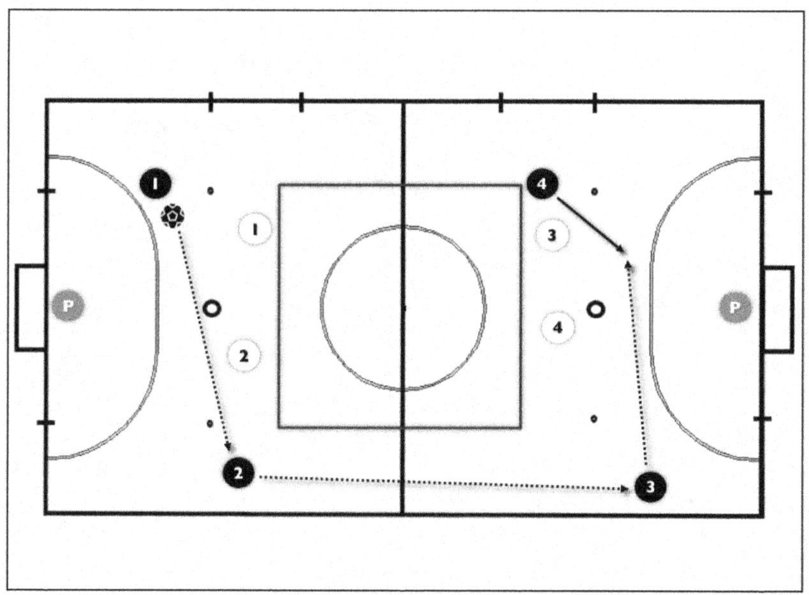

Exercício Nº 62	Objetivo Principal	Ocupação de Espaços
	Objetivos Secundários	Correcto funcionamento da ocupação do espaço livre

Aspetos Técnico-Táticos	Passe, ocupação de espaços, controle de bola		
Jogadores	5:5+2	Campo	Delimitada uma zona nas laterais de 10 m x 5 m. O campo de jogo será de 40 m x 20 m
Material	Bolas e coletes	Tempo	10′

Explicação

Jogo 5:5+2, duas zonas serão definidas e cada equipa defenderá uma das duas zonas marcadas. Para marcar pontos, as equipas devem assumir a área definida para equipa adversária.

Observações	Só valerá um ponto na área marcada da equipa rival.

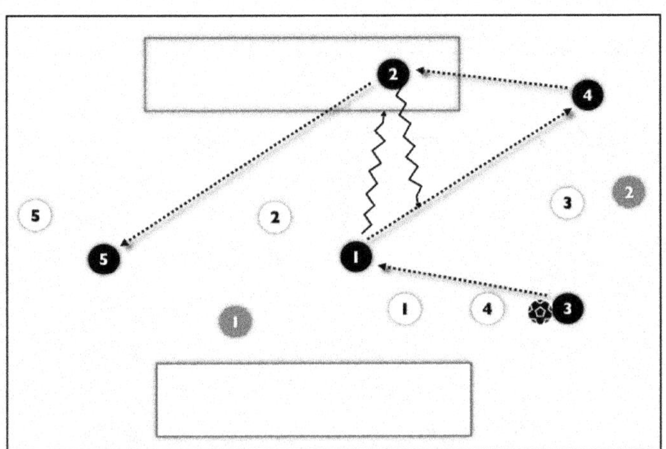

Exercício Nº 63	Objetivo Principal	Ocupação de espaços
	Objetivos Secundários	Correcto funcionamiento da ocupação do espaço livre
Aspetos Técnico-Táticos	Passe, ocupação de espaços, controle da bola	
Jogadores	5:5+2	Campo	Delimitada uma zona nas laterais de 5 m x 2 m. O terreno de jogo será de 40 m x 25 m
Material	Bolas e coletes	Tempo	10´
Explicação			

Jogo 5:5+2, duas zonas serão marcadas para executar a ocupação dos espaços livres. Os jokers ficam com a equipa que tem a posse da bola.

Observações	Para ganhar pontos tem que se realizar corretamente a ocupação de espaços livres.

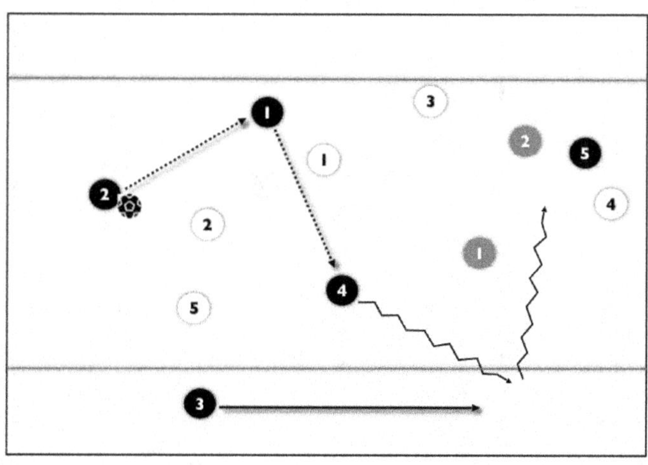

Exercício N° 64	Objetivo Principal	Ocupação de espaços
	Objetivos Secundários	Correcto funcionamiento da ocupação de espaços livres
Aspetos Técnico-Táticos	Passe, ocupação de espaços, controle da bola	
Jogadores	5:5	Campo	35 m x 35 m
Material	Bolas e coletes	Tempo	10′
Explicação		

Jogo 5: 5, numeramos os jogadores de cada equipe de 1 a 5 pontos, ganham-se pontos cada vez que se conseguir uma correta ocupação do espaço livre deixado por um colega da tua equipa com o número seguinte ao teu.

Observações	Para ganhar pontos tem que se realizar corretamente a ocupção dos espaços livres.

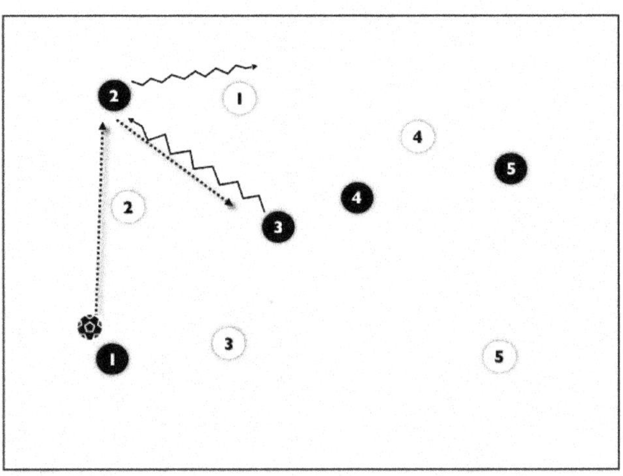

Exercício N° 65	Objetivo Principal	Ocupação de espaços
	Objetivos Secundários	Técnica de condução
Aspetos Técnico-Táticos	Passe, ocupação de espaços, controle da bola	
Jogadores	5:5	Campo	40 m x 25 m, balizas de 2m
Material	Cones, bolas e coletes	Tempo	10´

Explicação

Jogo 5:5, 4 balizas são colocados no campo, para marcar um ponto, o jogador que tem a posse da bola da sua equipa, deve atravessar a baliza conduzindo a bola.

Observações	Só soma pontos se passar com a bola em condução pela baliza.

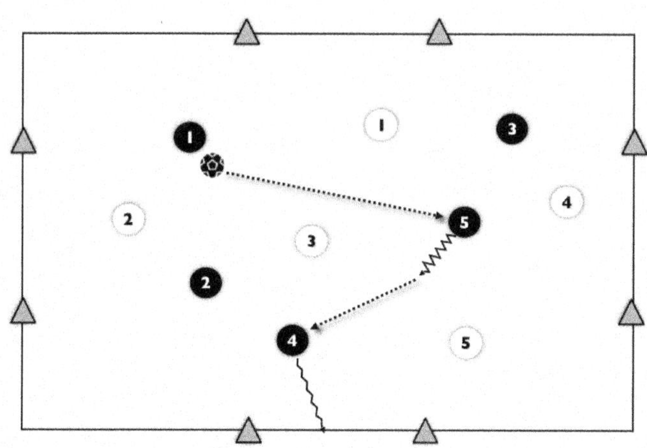

Exercício N° 66	Objetivo Principal	Ocupação de espaços e tática defensiva
	Objetivos Secundários	Melhorar a condução da bola
Aspetos Técnico-Táticos	Passe, ocupação de espaços, controle da bola	
Jogadores	6 (dois pares) 1:1+1	Campo	20 m x 20 m, balizas de 2m
Material	Cones, bolas e coletes	Tempo	9 x 1´
Explicação		

Jogo 1:1+1, 2 balizas são colocados no campo, a equipa defensora também tem um joker, o atacante tenta passar o defensor e colocar a bola numa das balizas. O defensor ganha 1 ponto por cada bola que conseguir "roubar". Da mesma forma, o atacante ganha um ponto por cada ataque concluído com sucesso. Os jokers vão rodando. Depois de um "roubo" de bola, troca-se a equipa defensora e atacante.

Observações	Só se somam pontos se se passar com a bola em condução na baliza ou se a equipa defensora "roubar" a bola.

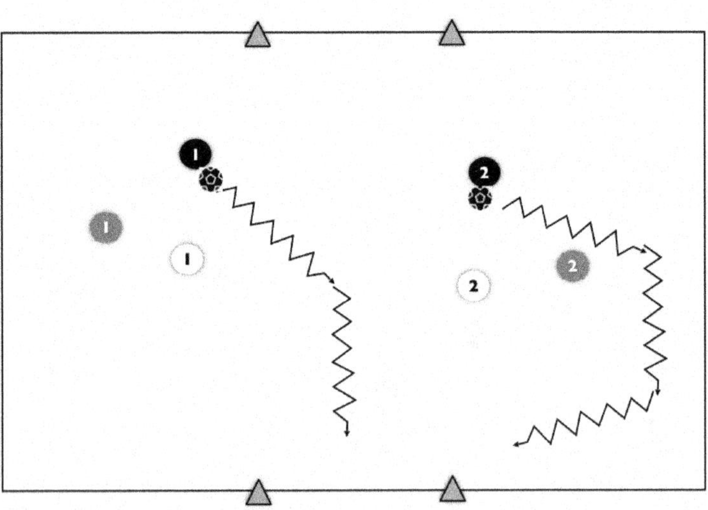

Exercício N° 67	Objetivo Principal	Ocupação de espaços e tática defensiva
	Objetivos Secundários	Melhorar a condução da bola
Aspetos Técnico-Táticos	Passe, ocupação de espaços, controle da bola	
Jogadores	9 (3 pares) 1:1+1	Campo	20 m x 20 m, balizas de 2m
Material	Cones, bolas e coletes	Tempo	9 x 1´
Explicação		

Jogo 1:1+1, colocam-se 6 balizas no campo, a equipa que defende também tem um joker, o atacante tenta passar o defensor e colocar a bola numa das balizas. O defensor ganha 1 ponto por cada bola que conseguir "roubar". Da mesma forma, o atacante ganha um ponto para cada ataque concluído com sucesso. Os jokers vão rodando. Depois de um "roubo" de bola, troca-se a equipa defensora e atacante.

Observações	Só se somam pontos se se passar com a bola em condução na baliza ou se a equipa defensora "roubar" a bola.

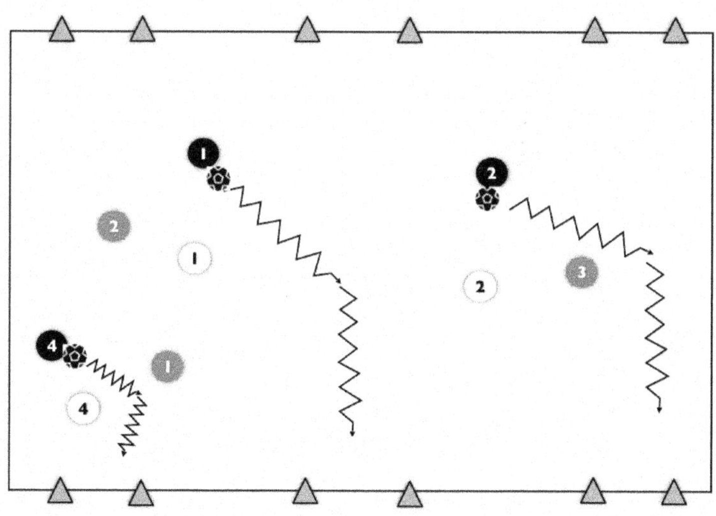

Exercício Nº 68	Objetivo Principal	Ocupação de espaços e tática defensiva
	Objetivos Secundários	Melhorar a condução da bola
Aspetos Técnico-Táticos	Passe, ocupação de espaços, controle da bola	
Jogadores	6 (2 pares) 1:1+1	Campo	20 m x 20 m, balizas de 2 m
Material	Cones, bolas e coletes	Tempo	9 x 1´
Explicação		

Jogo 1:1+1, 2 balizas de 10m são colocados no campo, a equipa defensora também tem um joker, o atacante tenta passar o defensor e entrar numa das balizas. O defensor ganha 1 ponto por cada bola que conseguir "roubar". Da mesma forma, o atacante ganha um ponto para cada ataque concluído com sucesso. Os jokers vão rodando. Depois de um "roubo" de bola, troca-se a equipa defensora e atacante.

Observações	Só se somam pontos se se passar com a bola em condução na baliza ou se a equipa defensora "roubar" a bola.

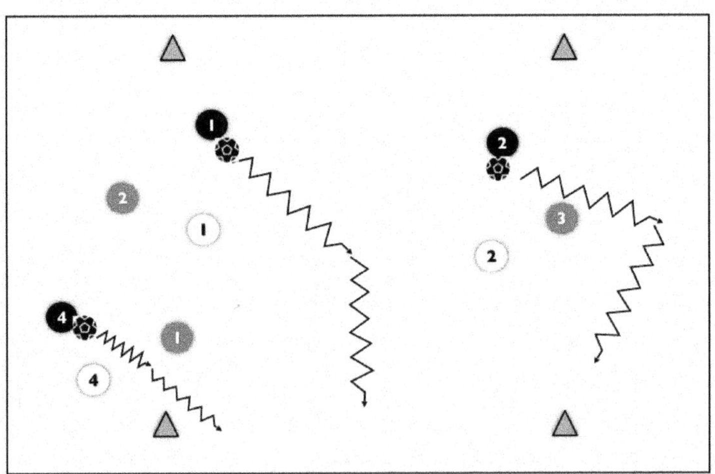

Exercício Nº 69	Objetivo Principal	Ocupação de espaços e tática defensiva e ofensiva
	Objetivos Secundários	Melhorar da condução da bola
Aspetos Técnico-Táticos	Passe, ocupação de espaços, controle da bola	
Jogadores	6(3 parejas) 1:1	Campo	20 m x 20 m , baliza triangular de 2m
Material	Cones, bolas e coletes	Tempo	8 x 1´
Explicação		

Jogo 1:1, uma baliza triangular de 2 m é colocada no centro do campo, a equipa defensora também tem um joker, o atacante tenta passar o defensor e colocar a bola numa das balizas. O defensor ganha 1 ponto por cada bola que conseguir "roubar". Da mesma forma, o atacante ganha um ponto por cada ataque concluído com sucesso.. Os jokers vão rodando. Depois de um "roubo" de bola, troca-se a equipa defensora e atacante.

Observaciones	Só se somam pontos se se passar com a bola em condução na baliza ou se a equipa defensora "roubar" a bola.

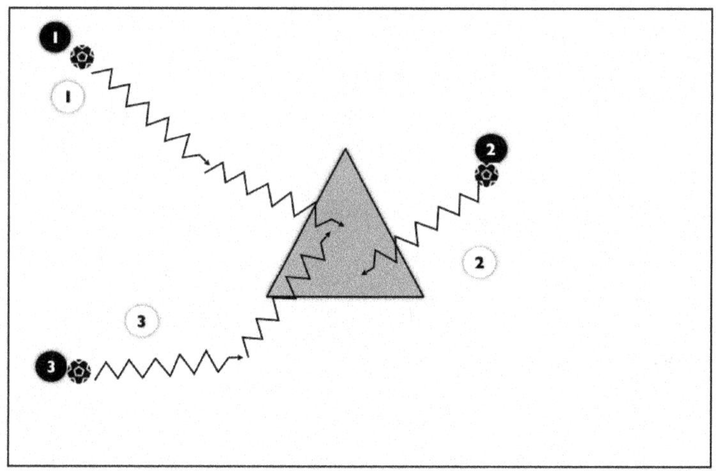

Exercício N° 70	Objetivo Principal	Ocupação de espaços e tática defensiva e ofensiva
	Objetivos Secundários	Melhorar da condução da bola
Aspetos Técnico-Táticos	Passe, ocupação de espaços, controle da bola	
Jogadores	6 (3 pares) 1:1	Campo	20 m x 20 m , baliza rectangular 3 m de largura.
Material	Cones, bolas e coletes	Tempo	8 x 1´
Explicação		

Jogo 1:1+1, coloca-se uma baliza retangular de 3 m de largura no centro do campo, o jogador atacante estará durante 1´ tentando entrar na baliza e o defensor outro minuto tentando "roubar" a bola.

Observações	Devem aguentar 1´ cada um na sua função.

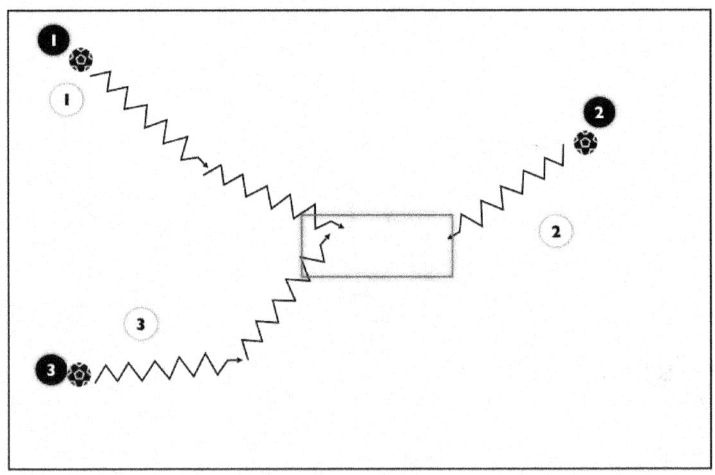

Exercício N° 71	Objetivo Principal	Ocupação de espaços e tática defensiva
	Objetivos Secundários	Melhorar a condução da bola
Aspetos Técnico-Táticos	Passe, ocupação de espaços, controle da bola	
Jogadores	6(3 pares) 1:1	Campo	20 m x 15 m, quatro balizas de 2 m
Material	Cones, bolas e coletes	Tempo	8 x 1'
Explicação		

Jogo 1:1, são colocadas 4 pequenas balizas de 2 m nas laterais do campo, os jogadores atacantes devem atravessar a baliza conduzindo a bola para adicionar 1 ponto. Depois de passar por ela, a bola mudará de posse. Os defensores devem roubar a bola para marcar 1 ponto e passar a atacar.

Observações	Só se ganha pontos se se passar com a bola em condução ou mediante o roubo da bola pela equipa defensora.

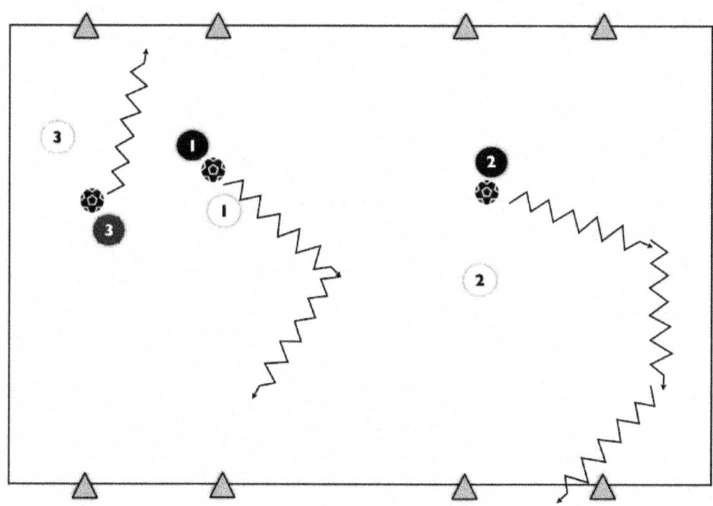

Exercício N° 72	Objetivo Principal	Ocupação de espaços e tática ofensiva
	Objetivos Secundários	Melhoria da condução da bola
Aspetos Técnico-Táticos	Passe, ocupação de espaços, controle da bola	
Jogadores	9 (3 pares) 1:1+3	Campo	20 m x 15 m, duas balizas de 10 m
Material	Cones, bolas e coletes	Tempo	9 x 1´
Explicação		

Jogo 1:1+3, colocam-se 2 balizas amplas nas alterais do campo, o atacante tenta passar pelo defensor e atravessar a baliza conduzindo a bola. Se o fizer ganha um ponto. O defensor terá que roubar a bola ganhando 1 ponto e passaria a atacar. Os jokers trocam-se a cada minuto.

Observações	Só soma pontos se se passar com a bola em condução ou mediante o roubo da bola pela equipa defensora.

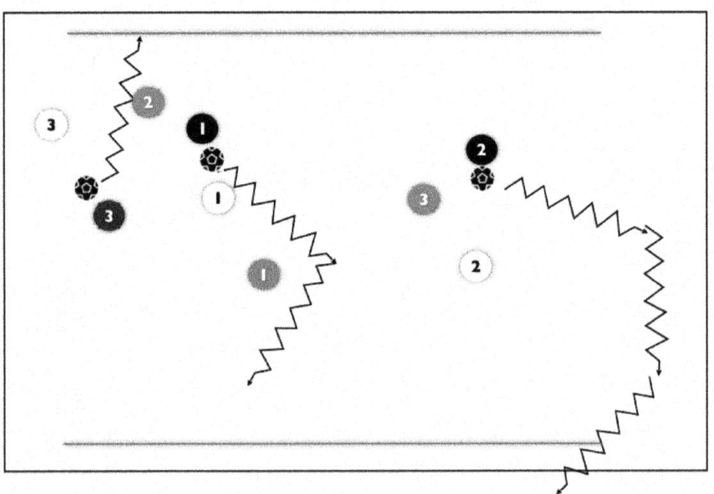

Exercício N° 73	Objetivo Principal	Ocupação de espaços e tática ofensiva
	Objetivos Secundários	Melhoria da condução da bola
Aspetos Técnico-Táticos	Passe, ocupação de espaços, controle da bola	
Jogadores	9 (3 pares) 1:1+3	Campo	20 m x 15 m, duas balizas de 5 m
Material	Cones, bolas e coletes	Tempo	9 x 1´
Explicação		

Jogo 1:1+3, colocam-se 2 balizas de 5 m no centro do campo. Desta vez, os jokers jogam com a equipa que tem a posse da bola. Cada equipa defende uma baliza. Para marcar pontos, a equipa atacante deve atravessar a baliza, conduzindo a bola. A equipa defensora terá que roubar a bola para marcar 1 ponto; se roubar a bola, passa a atacar. Os jokers trocam a cada minuto.

Observações	Só soma pontos se se passar com a bola em condução ou mediante o roubo da bola pela equipa defensora.

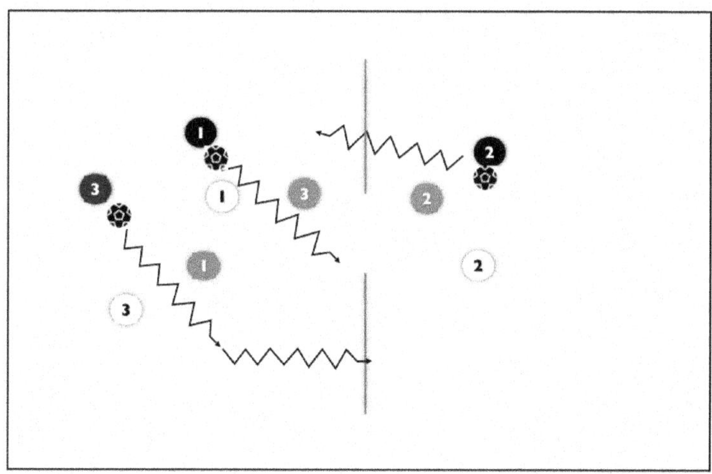

Exercício N° 74	Objetivo Principal	Ocupação de espaços e tática defensiva
	Objetivos Secundários	Melhorar a perceção do espaço e o passe
Aspetos Técnico-Táticos	Passe, ocupação de espaços, controle da bola	
Jogadores	7(3:3+1)	Campo	10 m x 10 m
Material	Cones, bolas e coletes	Tempo	12 x 1'

Explicação

Jogo 3:3+1, o joker joga com a equipa que defende. De cada equipe, 2 jogadores são colocados nos cantos opostos na diagonal do campo e os restantes mais o joker, espalham-se pela zona central, movimentando-se livremente. Os jogadores atacantes devem manter a posse da bola e os defensores roubá-la, após a qual a posse de bola muda de equipa. As funções de cada equipa mudam a cada minuto.

Observações	O defensor só marca pontos se se antecipar e roubar a bola, e o atacante mantendo a posse a dois toques.

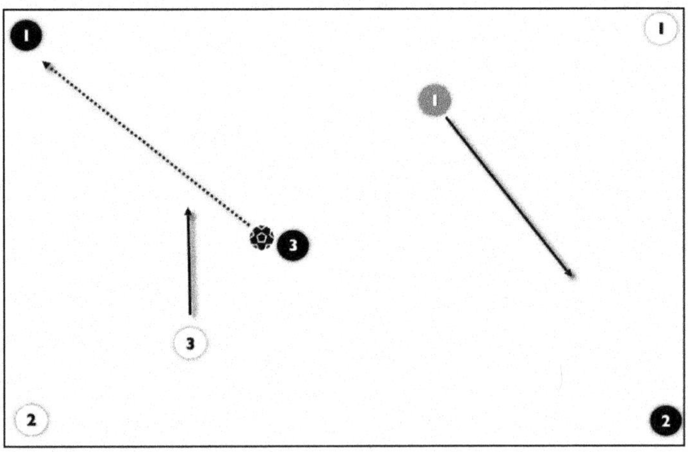

Exercício N° 75	Objetivo Principal	Ocupação de espaços e tática defensiva
	Objetivos Secundários	Melhoria da perceção do espaço e do passe
Aspetos Técnico-Táticos	Passe, ocupação de espaços, controle da bola	
Jogadores	7(3:3+1)	Campo	10 m x 10 m
Material	Cones, bolas e coletes	Tempo	12 x 1´
Explicação			

Jogo 3:3+1 joker que joga com a equipa defensora. De cada equipa, 2 jogadores são colocados no exterior das laterais do campo de jogo e os restantes, mais o joker espalham-se pela área central, movimentando-se livremente. Os jogadores atacantes devem manter a posse da bola e os defensores roubá-la, após o roubo, muda a equipa com posse de bola. As funções mudam a cada minuto.

Observações	O defensor só marca pontos se se antecipar e roubar a bola, e o atacante mantendo a posse a dois toques.

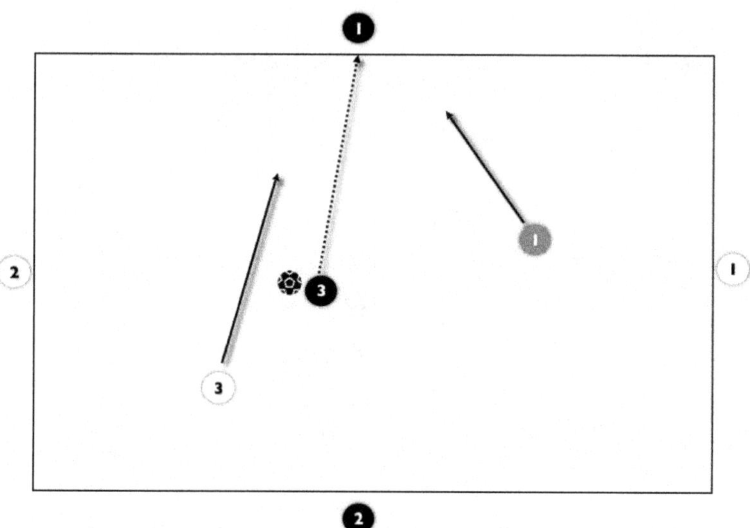

Exercício N° 76	Objetivo Principal	Ocupação de espaços e tática defensiva
	Objetivos Secundários	Melhoria da perceção do espaço e do passe
Aspetos Técnico-Táticos	Passe, ocupação de espaços, controle da bola	
Jogadores	10(5:5+2)	Campo	30 m x 30 m, zona central de 15m x 15m
Material	Cones, olas e coletes	Tempo	7 x 2'
Explicação		

Jogo 5:5+2, 2 dos 5 jogadores de cada equipa situam-se dentro da zona central, a sua missão é roubar as bolas que passam por essa zona. A missão da equipa com posse de bola é mantê-la. Mudamos as funções a cada 2' e a equipa que defende e que ataca é trocada a cada roubo. Os jokers ficam com a equipa defensora.

Observações	O defensor só marca pontos se se antecipar e roubar a bola, e o atacante mantendo a posse a dois toques.

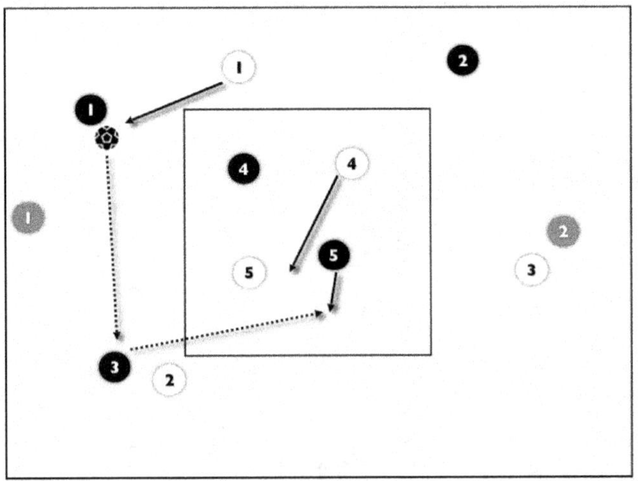

Exercício N° 77	Objetivo Principal	Ocupação de espaços e tática defensiva
	Objetivos Secundários	Melhoria da perceção do espaço e do passe
Aspetos Técnico-Táticos	Passe, ocupação de espaços, controle da bola	
Jogadores	10(5:5)	Campo	12m x 12m
Material	Cones, bolas e coletes	Tempo	10 x 1'
Explicação			

Jogo 5:5, cada equipa coloca 4 jogadores ao redor do campo por fora e um jogador por dentro. A equipa defensora ganhará um ponto por cada bola roubada pelo jogador defensor por dentro e passam a atacar. A equipa atacante deve manter a posse da bola. As funções mudarão a cada minuto.

Observações	O defensor só marca pontos se se antecipar e roubar a bola, e o atacante mantendo a posse a dois toques.

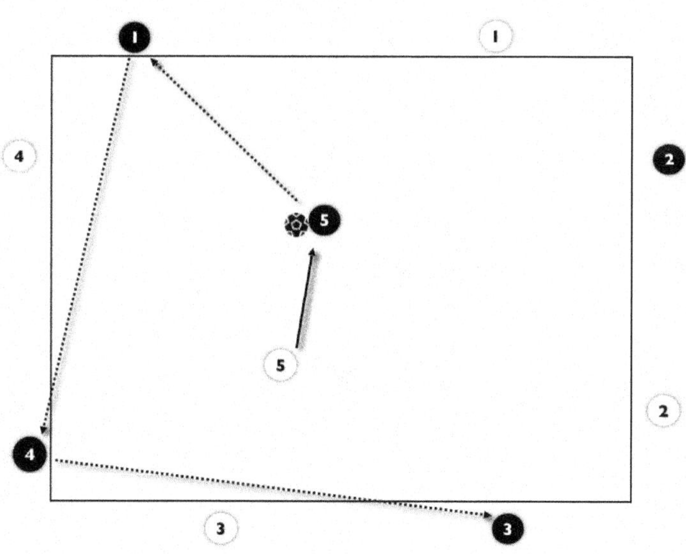

Exercício N° 78	Objetivo Principal	Ocupação de espaços e tática defensiva
	Objetivos Secundários	Melhoria da perceção do espaço e do passe

Aspetos Técnico-Táticos	Passe, ocupação de espaços, controle da bola		
Jogadores	8(4:4)	Campo	12 m x 12 m
Material	Cones, bolas e coletes	Tempo	4 x 2´
Explicação			

Jogo 4:4, cada equipa coloca dois jogadores fora do campo e dois dentro. A equipa defensora ganhará um ponto por cada roubo conseguido e passarão a atacar, a equipa com posse da bola deve manter a bola o maior tempo possível. As funções serão alteradas a cada 2 minutos.

Observações	O defensor só marca pontos se se antecipar e roubar a bola, e o atacante mantendo a posse a dois toques.

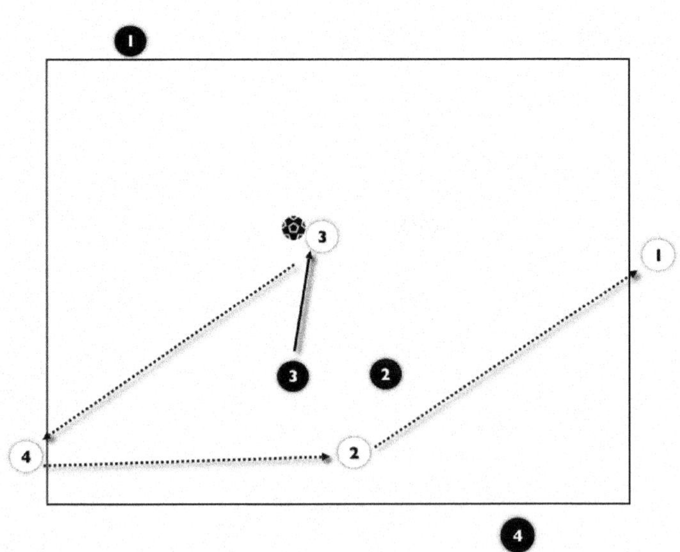

Exercício N° 79	Objetivo Principal	Ocupação de espaços e tática defensiva
	Objetivos Secundários	Melhoria da perceção do espaço e do passe
Aspetos Técnico-Táticos	Passe, ocupação de espaços, controle da bola	
Jogadores	7(3:3+1)	Campo	10 m x 10 m
Material	Cones, bolas e coletes	Tempo	14 x 1´
Explicação			

Jogo 3:3+1, cada equipa coloca dois jogadores nas laterais do campo, por dentro fica um jogador de cada equipa, mais o joker que acompanha a equipa defensora. A equipa defensora ganha um ponto cada vez que o jogador se antecipa e rouba a bola. A equipa atacante deve manter a posse da bola.

Observações	O defensor só marca pontos se se antecipar e roubar a bola, e o atacante mantendo a posse a dois toques.

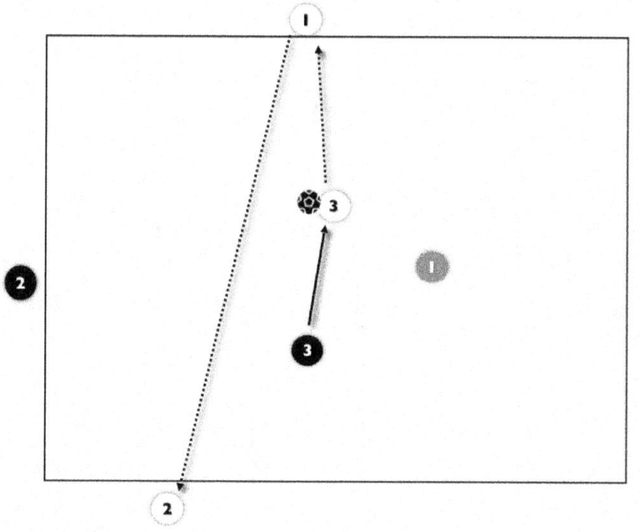

Exercício Nº 80	Objetivo Principal	Ocupação de espaços e tática defensiva
	Objetivos Secundários	Melhoria da perceção do espaço e do passe
Aspetos Técnico-Táticos	Passe, ocupação de espaços, controle da bola	

Jogadores	10 (4:6)	Campo	20 m x 20 m
Material	Cones, bolas e coletes	Tempo	2 x 4´

Explicação

Jogo 4:6, a equipa atacante coloca dois jogadores fora do campo e dois dentro e a equipa defensora os 6 jogadores dentro do campo. Os defensores terão interceptar o maior número possível de passes, os atacantes tentam manter a posse da bola. Atacantes e defensores mudam a cada 4'.

Observações	O defensor só marca pontos se se antecipar e roubar a bola, e o atacante mantendo a posse a dois toques.

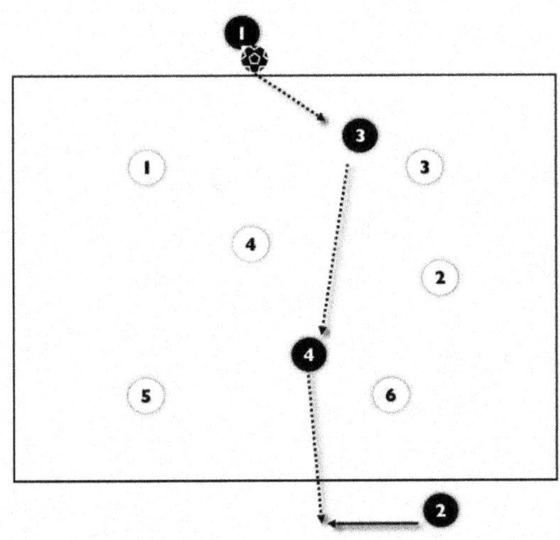

Exercício N° 81	Objetivo Principal	Ocupação de espaços e tática defensiva
	Objetivos Secundários	Melhoria da perceção e do passe
Aspetos Técnico-Táticos	Passe, ocupação de espaços, controle da bola	
Jogadores	10 (4:6)	Campo	25 m x 25 m
Material	Cones, bolas e coletes	Tempo	2 x 4´
Explicação		

Jogo 4:6, a equipa atacante coloca-se no exterior do campo e a defensora dentro dele. Os 6 defensores tentam interceptar o maior número possível de passes. A cada 4´ trocam de funções. A cada interceptação adiciona um ponto.

Observações	O defensor só marca pontos se se antecipar e roubar a bola, e o atacante mantendo a posse a dois toques.

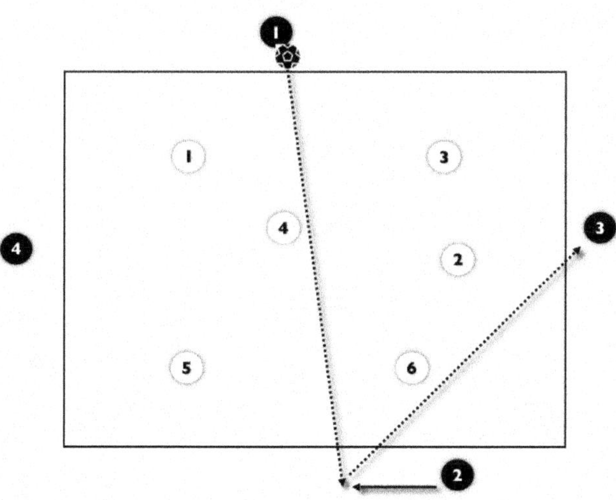

Exercício Nº 82	Objetivo Principal	Ocupação de espaços e tática defensiva
	Objetivos Secundários	Melhoria da perceção do espaço e do passe

Aspetos Técnico-Táticos	Passe, ocupação de espaços, controle da bola		
Jogadores	6(3:3)	Campo	Triângulo de 15 m de lado
Material	Cones, bolas e coletes	Tempo	2 x 4′

Explicação

Jogo 3:3, dentro do triângulo, a equipa atacante situada nos cantos, a defensora por dentro. Eles tentam interceptar as bolas da equipa atacante. Mudamos de funções a cada 4 minutos.

Observações	O defensor só marca pontos se se antecipar e roubar a bola, e o atacante mantendo a posse a dois toques.

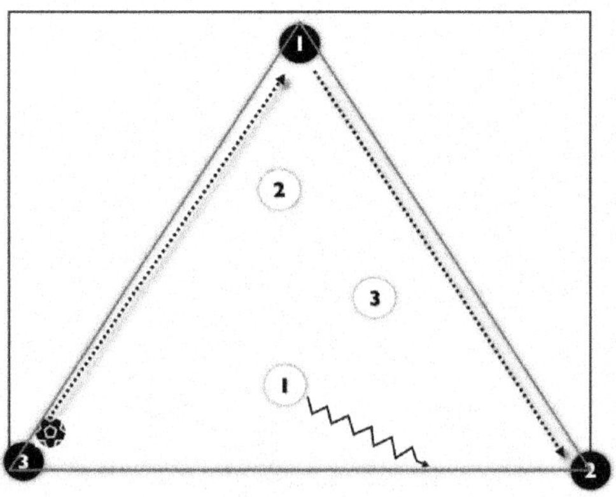

Exercício N° 84	Objetivo Principal	Ocupação de espaços e tática defensiva
	Objetivos Secundários	Melhoria da perceção do espaço e do passe
Aspetos Técnico-Táticos	Passe, ocupação de espaços, controle da bola	
Jogadores	10 (5:5)	Campo	Pentágono de 12 m x 5 m de lado
Material	Cones, bolas e coletes	Tempo	2 x 5'

Explicação

Jogo 5:5, os atacantes estão nos cantos do pentágono e os defensores dentro. A missão dos defensores é interceptar o maior número possível de passes. Mudam-se as funções após 5 minutos.

Observações	O defensor só marca pontos se se antecipar e roubar a bola, e o atacante mantendo a posse a dois toques.

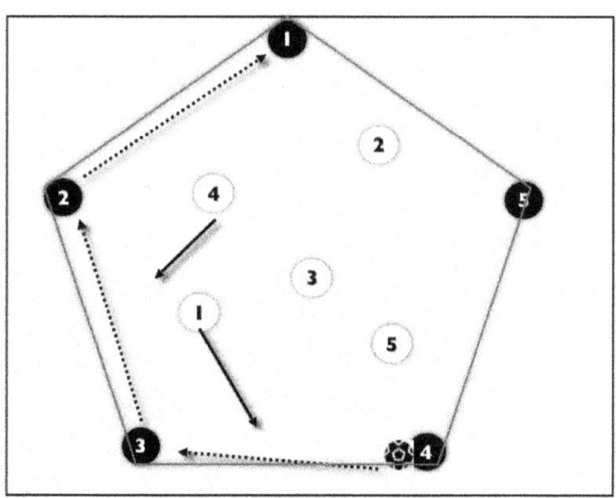

Exercício Nº 84	Objetivo Principal	Desarme e tática defensiva
	Objetivos Secundários	Melhoria das bolas paradas e cruzamentos para a área.

Aspetos Técnico-Táticos	Passe, ocupação de espaços, controle da bola, remate e desarme		
Jogadores	7 (3:3+1)	Campo	20 m x 30 m
Material	Cones, bolas e coletes	Tempo	6 x 2'

Explicação

Jogo 3:3+1, o joker joga com a equipa defensora, Da equipa atacante, dois dos jogadores colocam-se nos cantos do campo e um terceiro no centro. Os três defensores estão dentro e sua missão é a outra equipa não marcar golo. Mudamos as funções a cada 2 minutos.

Observações	No podem deixar a equipa atacante marcar golo.

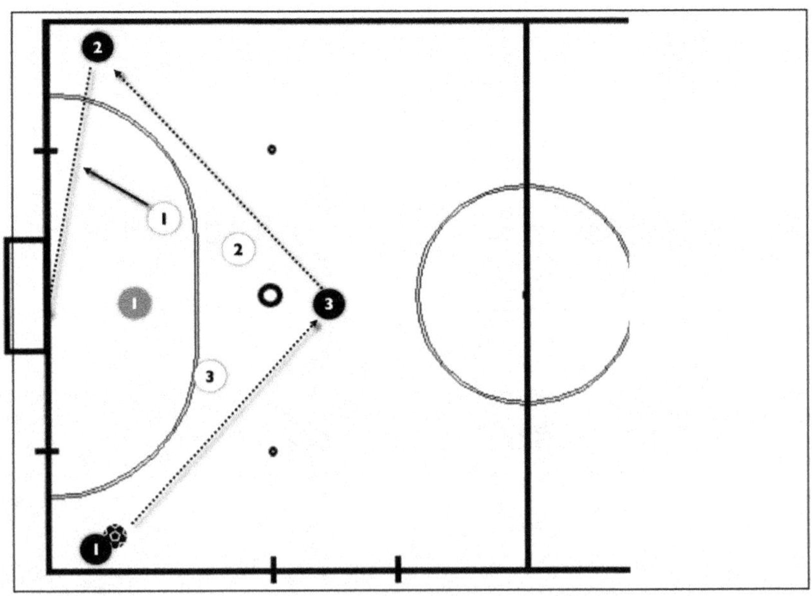

Exercício Nº 85	Objetivo Principal	Desarme e tática defensiva
	Objetivos Secundários	Melhoria das bolas paradas e cruzamentos para a área
Medios Técnico-Táticos	Passe, ocupação de espaços, controle da bola, remate e desarme	
Jogadores	7 (3:3+1)	Campo	20 m x 30 m, balizas amplas de 10 m
Material	Cones, bolas e coletes	Tempo	6 x 2′

Explicação

Jogo 3:3+1, o joker joga com a equipa defensora, cada equipa ataca uma baliza, os atacantes só podem marcar golo após remate antecedido por um passe de um ala a partir da lateral e ao primeiro toque.

Observações	Apenas são válidos os golos antecedidos por um passe de um jogador a partir do corredor lateral.

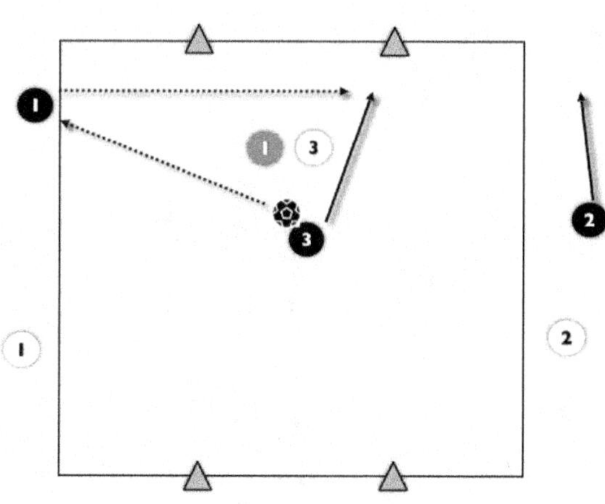

Exercício Nº 86	Objetivo Principal	Desarme e tática defensiva
	Objetivos Secundários	Melhoria das bolas paradas e cruzamentos para a área
Aspetos Técnico-Táticos	Passe, ocupação de espaços, controle da bola, remate e desarme	
Jogadores	5 (2:2+1)	Campo	Área de penalti
Material	Cones, bolas e coletes	Tempo	9 x 1´

Explicação

Jogo 2:2+1. O joker fica com a equipa defensora. Um jogador de cada equipa é colocado fora da área, o atacante só pode rematar se for precedido por um passe do jogador a partir do exterior da área de penalti e sempre de primeira. O defensor tenta evitar o remate. Não há guarda-redes.

Observações	Apenas são válidos os golos precedidos de um passe de um jogador a partir do corredor lateral.

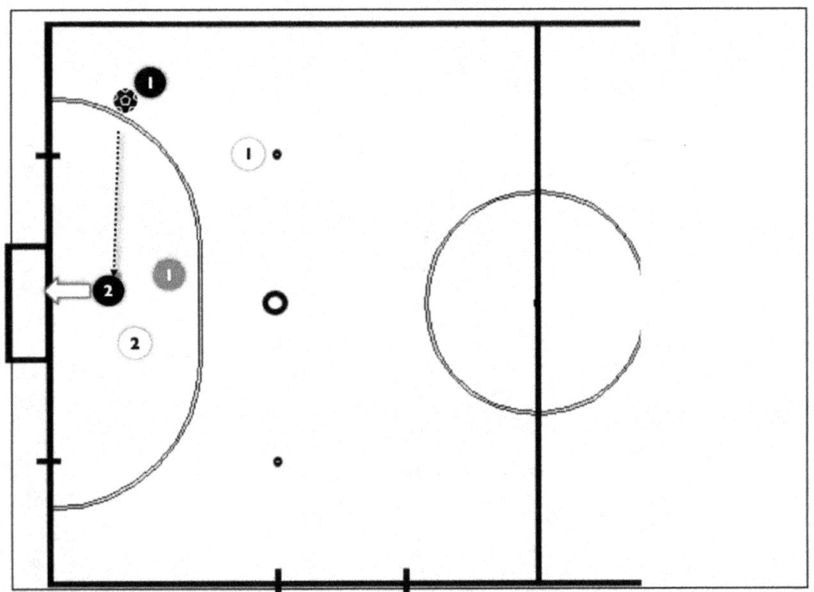

Exercício N° 87	Objetivo Principal	Desarme da bola e tática defensiva
	Objetivos Secundários	Melhoria das bolas paradas e centros para a área
Aspetos Técnico-Táticos	Remate e desarme	
Jogadores	2 (1:1)	Campo	25 m x 15 m, balizas regulamentares.
Material	Cones, bolas e coletes	Tempo	2 x 4 ´
Explicação		

Jogo 1:1, cada jogador defende uma baliza. A missão é impedir o remate do adversário.

Observações	Não se pode tocar a bola com as mãos e os braços.

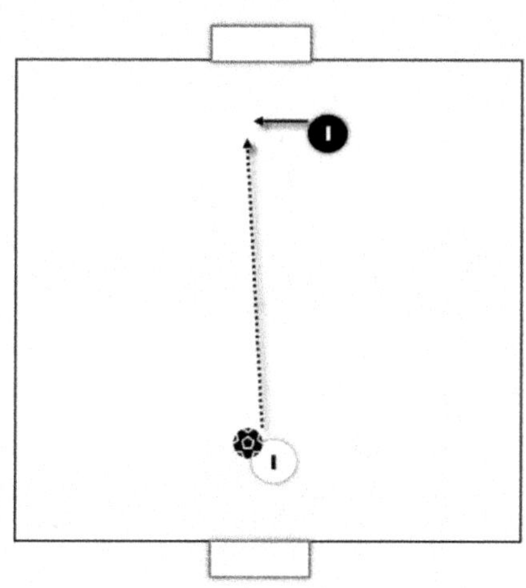

Exercício Nº 88	Objetivo Principal	Intercetar o remate
	Objetivos Secundários	Melhoria da defesa com as mãos
Aspetos Técnico-Táticos	Defesa com as mãos e intercetar o remate	
Jogadores	2 (1:1)	Campo	25 m x 15 m, balizas regulamentares.
Material	Cones, bolas e coletes	Tempo	2 x 4´
Explicação		

Jogo 1:1, cada guarda-redes defende uma baliza. A missão é intercetar o remate feito pelo outro. É jogado com as mãos.

Observações	Lançasse a bola com as mãos.

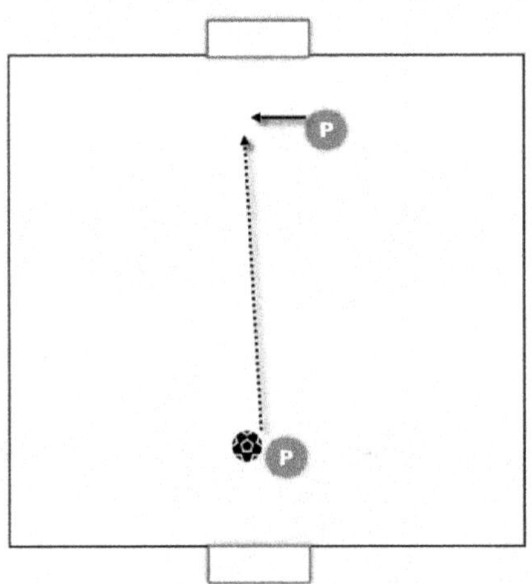

Exercício N° 89	Objetivo Principal	Interceção do remate	
	Objetivos Secundários	Melhoria da defesa com as pernas	
Aspetos Técnico-Táticos	Defesa com as pernas e interceção do remate		
Jogadores	2(1:1)	Campo	25 m x 15 m, balizas regulamentares.
Material	Cones, bolas e coletes	Tempo	2 x 4´
Explicação			

Jogo 1:1, cada guarda-redes defende uma baliza. A missão é intercetar o remate efetuado pelo outro. Jogasse com as pernas mas apenas junto ao solo.

Observações	Apenas é permitido remate rasteiro.

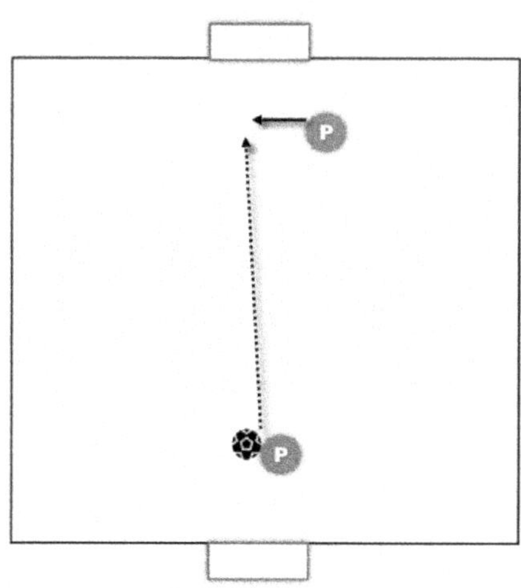

Exercício Nº 90	Objetivo Principal	Interceção do remate
	Objetivos Secundários	Melhoria do cabeceamento

Aspetos Técnico-Táticos	Cabeceamento e interceção do remate		
Jogadores	5 (4 atacantes e um guarda-redes)	Campo	Área de penalti, balizas regulamentares.
Material	Cones, bolas e coletes	Tempo	5 x 2´

Explicação
Jogam 4 atacantes e um guarda-redes, os atacantes estão situados na área de grande penalidade e só podem joagar de cabeça, mediante um passe prévio de um companheiro de equipa, o guarda-redes deve intercetar o remate.

Observações	Apenas é permitido "rematar" com a cabeça.

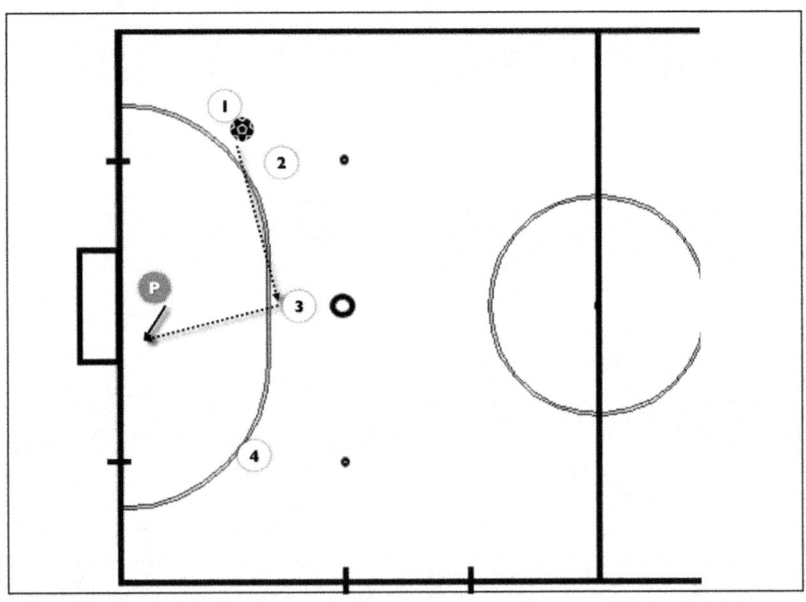

Ejercicio Nº 91	Objetivo Principal	Interceção do remate
	Objetivos Secundários	Melhoria do cabeceamento
Aspetos Técnico-Táticos	Cabeceamento e interceção do remate	
Jogadores	8 (3:3+ 2 guarda-redes)	Campo	25 m x 15 m delimita-se uma zona central de 5 m x 15 m
Material	Cones, bolas e coletes	Tempo	10′
Explicação		

Jogo 3:3+2 guarda-redes. Os guarda-redes colocam-se na zona central e têm intercetar os passes dos jogadores que estão colocados, 3 em cada zona lateral.

Observações	Os guarda-redes devem intercetar e reter a bola.

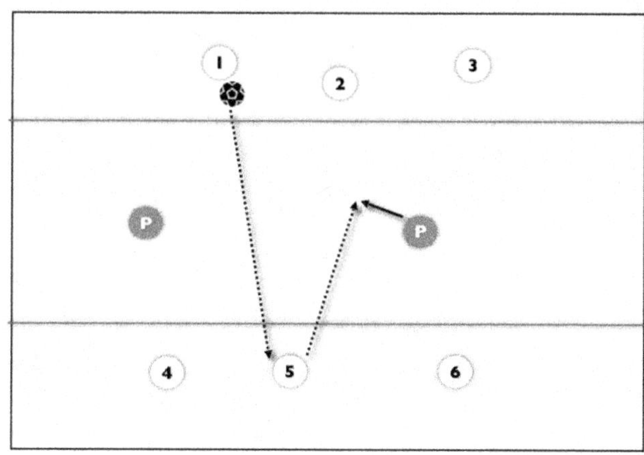

Exercício Nº 92	Objetivo Principal	Interceção do remate
	Objetivos Secundários	Melhorar o corte com as pernas
Medios Técnico-Táticos	Defesa com as pernas e interceção do remate	
Jugadores	2 (1:1)	Campo	20 m x 15 m, uma rede de 1´50 m de altura
Material	Cones, bolas, coletes e uma rede	Tempo	10´
Explicação			

Jogo 1:1, cada guarda-redes defende o seu campo impedindo que a bola ressalte no chão, tem que fazer mediante a interceção da bola.

Observações	Não se pode devolver a bola no seu próprio campo.

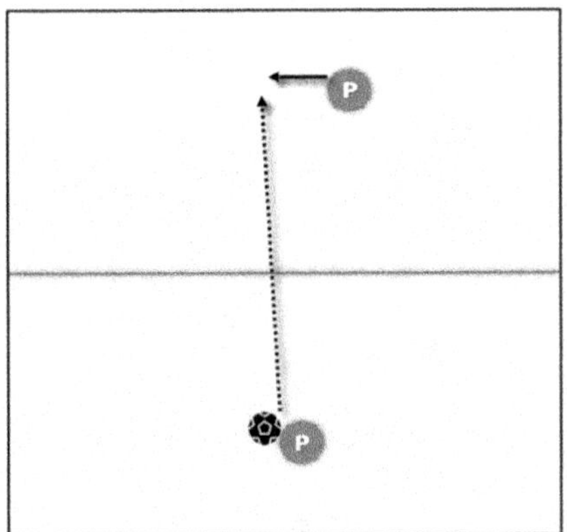

Exercício N° 93	Objetivo Principal	Desvío
	Objetivos Secundários	Melhorar a defesa com as mãos
Aspetos Técnico-Táticos	Interceção com as mãos e desvíos	
Jogadores	2 (1:1)	Campo	25 m x 15 m, balizas regulamentares.
Material	Cones, bolas e coletes	Tempo	5 x 2´
Explicação		

Jogo 1:1, cada guarda-redes defende um campo, para defendê-lo, ele deve impedir que a bola jogada pelo outro guarda-redes com as mãos entre na sua baliza e deverá fazê-lo desviando-a.

Observações	Não se pode agarrar a bola.

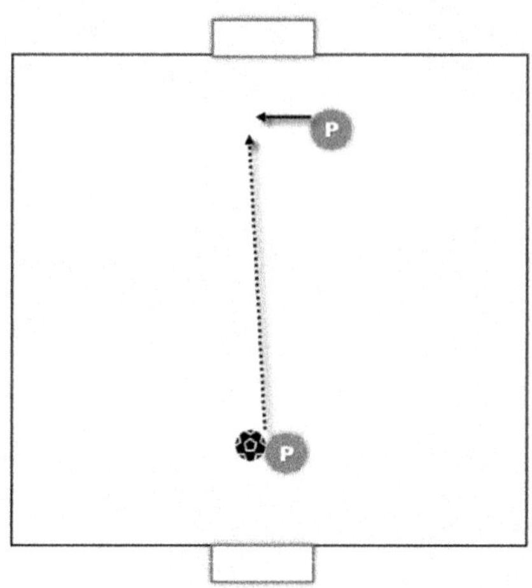

Exercício N° 94	Objetivo Principal	Desvío
	Objetivos Secundários	Melhorar a defesa com as pernas
Medios Técnico-Táticos	Defesa com a pernas e desvios	
Jogadores	2 (1:1)	Campo	25 m x 15 m, balizas regulamentares.
Material	Cones, bolas e coletes	Tempo	5 x 2'
Explicação		

Jogo 1:1, cada guarda-redes defende uma baliza, a missão é intercetar o remate que o outro efetua. Defende-se com as pernas.

Observações	Não se pode se pode agarrar a bola.

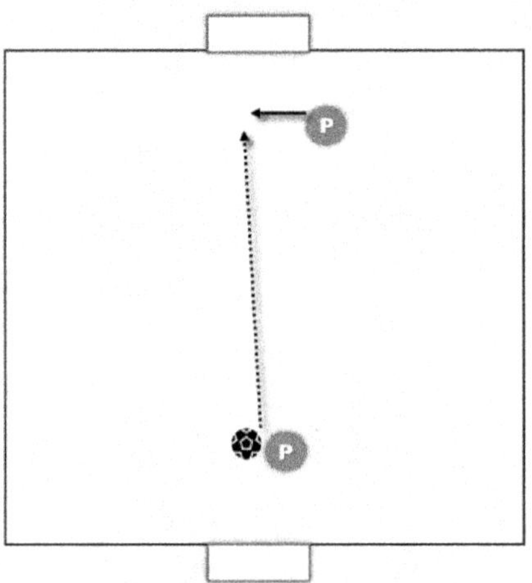

Exercicio N° 95	Objetivo Principal	Interceção da bola (guarda-redes)	
	Objetivos Secundários	Melhorar a técnica de saída	
Aspetos Técnico-Táticos	Interceções da bola		
Jogadores	2 (1:1)	Campo	25 m x 15 m e uma rede de 1,50 m
Material	Cones, bolas, coletes e uma rede	Tempo	8´
Explicação			

Joga 1:1, cada guarda-redes defende o seu campo, tem que cortar/aliviar de punhos a bola que vem do outro guarda-redes e tentar colocar no outro campo.

Observações	Defende-se apenas com os punhos.

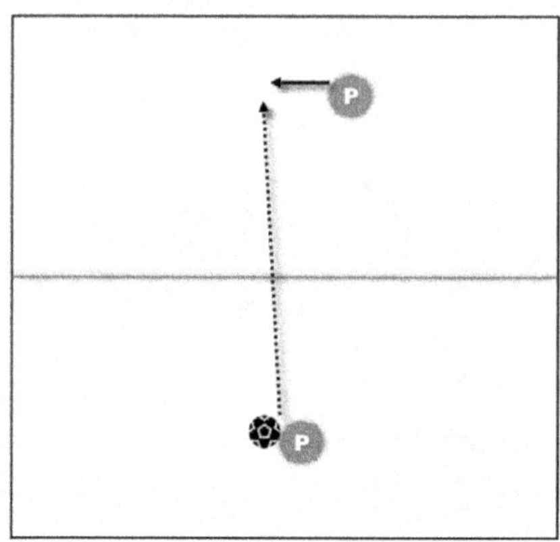

Exercicio Nº 96	Objetivo Principal	Interceção da bola (Guarda-redes)
	Objetivos Secundários	Melhoria da técnica de saída a interceção, cruzamentos e cabeceamento

Aspetos Técnico-Tácticos	Interceção do remate, remate, cruzamentos, cabeceamento e criação e ocupação de espaços		
Jogadores	8 (3:3+2 comodines)	Campo	40 m x 30 m, com duas áreas de 10 m
Material	Cones, bolas e coletes	Tempo	6 x 2´

Explicação

Jogo 8:8+2, os jokers estão colocados no exterior do campo e a sua missão é fazer cruzamentos para a área de 10m, dentro do campo estão as duas equipas de 3, onde cada equipa tem um guarda-redes. Os guarda-redes só podem defender a bola com os punhos e os atacantes só podem finalizar de cabeça e após um cruzamento de um joker desde a lateral.

Observações	O guarda-redes defende apenas de punhos e remate-se com a cabeça.

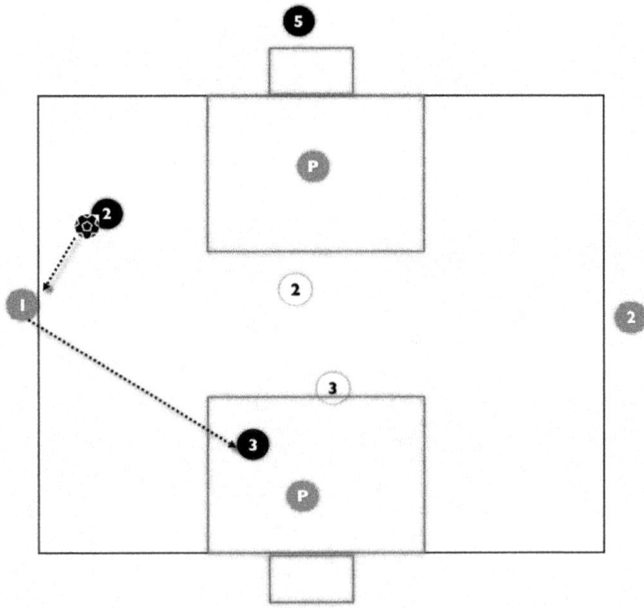

Exercicio N° 97	Objetivo Principal	Recarga
	Objetivos Secundários	Melhorar a técnica de saída a recarga e remate

Aspetos Técnico-Táticos	Recargas, remate e criação e ocupação de espaços		
Jogadores	5 (4 atacantes e um guarda-redes)	Campo	20 m x 20 m e coloca-se uma baliza de 7 m
Material	Cones, bolas e coletes	Tempo	5 x 2´

Explicação

Jogam 4 atacantes e um guarda-redes. Os atacantes colocam-se nos cantos do quadrado e o guarda-redes na baliza do centro do campo. Os atacantes trocam a bola até que um deles decide rematar, o guarda-redes tem que contrapor a bola.

Observações	Apenas pode contrapor a bola.

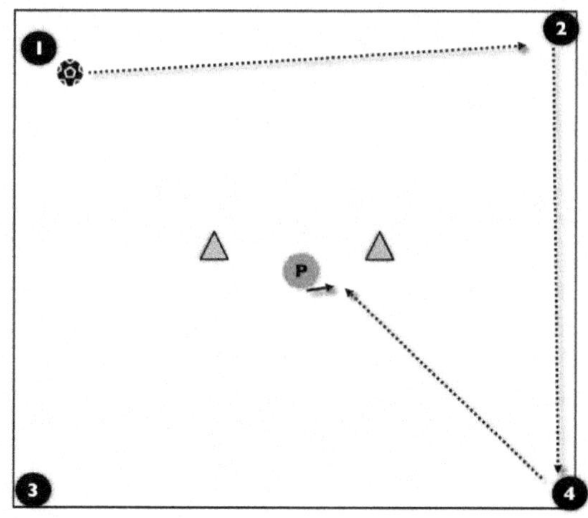

Exercício Nº 98	Objetivo Principal	Recarga
	Objetivos Secundários	Melhorar a técnica de saída a uma recarga e remate
Medios Técnico-Táticos	Recarga, remate e criação e ocupação de espaços	
Jogadores	7 (2:2+2 jokers+1 guarda-redes)	Campo	25 m x 25 m, e uma baliza triangular de 7 m de lado
Material	Cones, bolas e coletes	Tempo	6 x 2´
Explicação		

Jogo 2:2+2 jokers+1 guarda-redes neutro. Os jokers com a equipa ficam com a equipa que tem a posse de bola, que têm que rematar à baliza antes do 4° passe, a equipa que defende tem que evitar e o guarda-redes evitar o golo contrapondo a bola.

Observaciones	O guarda-redes apenas se pode contrapor à bola e não se pode rematar à baliza antes do 4° passe.

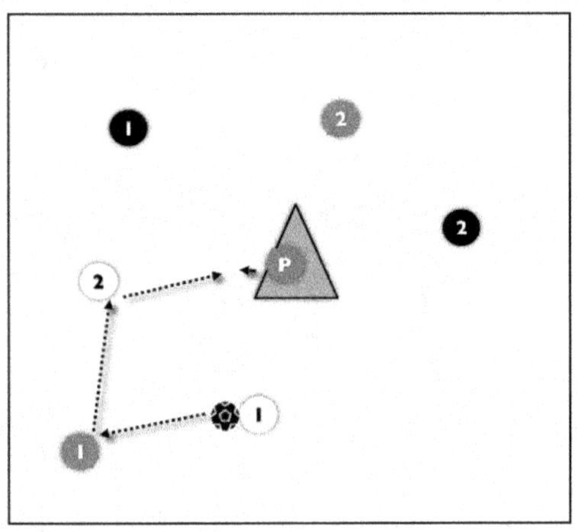

Exercicio N° 99	Objetivo Principal	Saídas
	Objetivos Secundários	Melhorar a técnica de saída e do remate
Aspetos Técnico-Táticos	Saídas e drible	
Jogadores	2 (1:1)	Campo	20 m x 15 m e duas balizas regulamentares.
Material	Cones, bolas e coletes	Tempo	5 x 2´

Explicação
Jogo 1:1, um guarda-redes tenta driblar o outro, este deve parar a sua passagem, saindo e tratando de tirar a bola mediante uma entrada seja com os braços ou pernas.

Observaciones	Não se pode rematar à baliza.

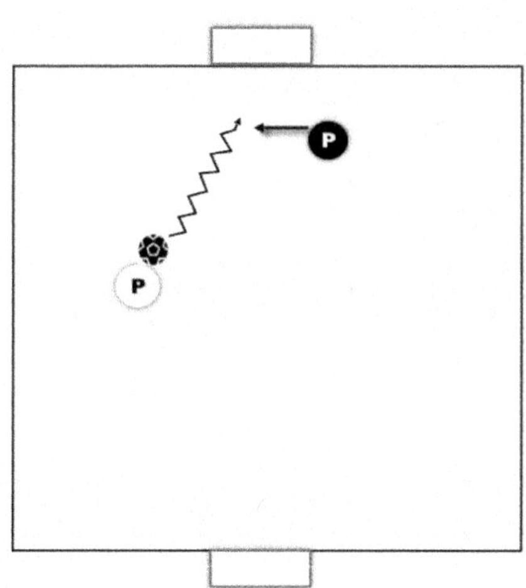

Exercício N° 100	Objetivo Principal	Saídas
	Objetivos Secundários	Melhorar a técnica de saída, remate, criação de espaços e drible
Aspetos Técnico-Táticos	Saídas, drible, criação de espaços, passe e remate	
Jogadores	6 (3:3)	Campo	25 m x 20 m e duas balizas regulamentares.
Material	Cones, bolas e coletes	Tempo	5 x 2'
Explicação			

Jogo 3:3, cada equipa tem um guarda-redes e defende uma das balizas. Todas as vezes que uma falta é cometida, a equipa que a sofreu tem favorável uma penalidade (delimitada no campo pelo ponto de penálti), onde tentará passar o guarda-redes. O guarda-redes tem que impedi-lo saindo evitando ser ultrapasado.

Observações	Não se pode rematar na área de penálti.

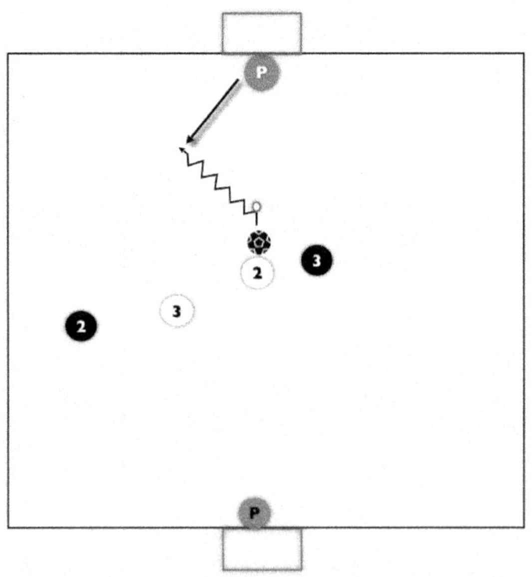

www.ingramcontent.com/pod-product-compliance
Lightning Source LLC
LaVergne TN
LVHW051305200726